Birgit Lascho

Lerntheke
DaZ 5/6

Grammatik

Differenzierungsmaterialien
für heterogene Lerngruppen

Cornelsen

Die Autorin des Bandes

Birgit Lascho studierte die Fächer Deutsch, Geschichte und Englisch. Sie verfügt über mehrjährige Unterrichts-erfahrung an den Schulformen Gymnasium, Berufsschule und Gesamtschule und ist Autorin mehrerer Unterrichtsmaterialien.

Projektleitung: Amira Sarkiss, Berlin
Redaktion: Birte Meyer, Berlin
Umschlaggestaltung: LemmeDesign, Berlin
Umschlagkonzept: X-Design, München
Illustration: Steffen Jähde, Sundhagen
Layout: zweiband.media, Berlin
Technische Umsetzung: krauß-verlagsservice, Ederheim/Hürnheim

www.cornelsen.de

1. Auflage, 3. Druck 2025

© 2017 Cornelsen Verlag GmbH, Mecklenburgische Str. 53, 14197 Berlin, E-Mail: service@cornelsen.de

Druck: Athesiadruck GmbH, Bozen

ISBN 978-3-589-15530-9

PEFC-zertifiziert
Dieses Produkt
stammt aus
nachhaltig
bewirtschafteten
Wäldern und
kontrollierten Quellen
PEFC/18-31-166   www.pefc.de

Inhalt

Sie können die Lösungsseiten auf dem Kopierer auf 141 % vergrößern.

Vorwort – Hinweise für die Lerntheken-Arbeit

Bei der Lerntheke handelt es sich – ähnlich dem Lernen an Stationen – um eine offene Unterrichtsform. Im Unterschied zum Stationenlernen oder Lernzirkel werden die Materialien jedoch auf einer „Theke" ausgelegt und bauen nicht aufeinander auf. Die Lernenden wählen aus den zur Verfügung stehenden Materialien selbst diejenigen aus, die sie bearbeiten möchten, und bestimmen selbst die Reihenfolge der Bearbeitung. Daher kann mit einer Lerntheke ein hoher Grad an Differenzierung in einer Lerngruppe erreicht werden.

Grundsätzlich kann eine Lerntheke in allen Phasen einer Unterrichtssequenz zum Einsatz kommen, die vorliegenden Materialien eignen sich jedoch vor allem **zum Üben und Wiederholen**, meist weniger für die Neudurchnahme. Es werden Aufgaben mit **verschiedenen Schwierigkeitsgraden** angeboten, die der Festigung des Stoffes dienen und dabei das unterschiedliche Lerntempo sowie die individuelle Leistungsfähigkeit der Kinder berücksichtigen. Gerade in **heterogenen Lerngruppen** ist die Arbeit mit einer Lerntheke daher besonders lohnenswert. Da Aufgaben für unterschiedliche **Lerntypen** zur Verfügung stehen, befassen sich die Lernenden nicht nur kognitiv, sondern auch optisch und spielerisch mit einem Thema. Zudem können durch die Arbeit in **unterschiedlichen Sozialformen** stärkere Lernende die weniger leistungsfähigen unterstützen und ihnen dabei helfen, ein größeres Pensum zu schaffen, als in Einzelarbeit. Wie beim „Lernen durch Lehren" profitieren alle Kinder von diesem System der gegenseitigen Unterstützung.

Während der Arbeit an einer Lerntheke füllt jedes Kind einen **Selbsteinschätzungsbogen** aus, der Aufschluss darüber gibt,

– welches **Pensum** innerhalb der vorgegebenen Zeit erledigt wurde.
– wie das betreffende Kind seine **Leistung selbst einschätzt.**

Als Lehrkraft können Sie aus den Eintragungen in den Selbsteinschätzungsbögen erkennen, welche Themen kaum Probleme bereiten und bei welchen Inhalten viele Lernende Schwierigkeiten hatten. Diese können Sie dann nach Durchführung der Lerntheke im Klassenverband nochmals aufgreifen.

Die **Kopiervorlage für den Selbsteinschätzungsbogen** finden Sie im Anschluss an dieses Vorwort. Er kann für jede der vier Lerntheken eingesetzt werden. Damit die Kinder genug Platz für ihre Eintragungen haben, sollte der Bogen doppelseitig auf ein DIN-A3-Blatt kopiert werden.

Zusätzlich ist jeder Lerntheke eine **Stationsübersicht** vorangestellt, auf der die einzelnen Aufgaben aufgelistet sind. Diese Übersicht können Sie den Lernenden vor der Durchführung der Lerntheke aushändigen und mit ihnen besprechen, damit sie wissen, welche Trainingsaspekte an den einzelnen Stationen angeboten werden. Außerdem erhalten die Kinder den Auftrag, die einzelnen Stationen nach der Bearbeitung auf dieser Übersicht abzuhaken, damit sie nicht den Überblick verlieren, welche Stationen sie schon bearbeitet haben und welche sie noch bearbeiten müssen oder können. Die Übersicht ist also auch als Laufzettel geeignet.

Vorbereitungen für die Lerntheke

Vor Beginn der Arbeit sollten Sie die Klasse ausführlich darüber informieren, wie die Lerntheke funktioniert. Dafür müssen Sie an manchen Stellen vorab entscheiden, wie Sie die Arbeit organisieren wollen.

■ Bedeutung der Symbole

Die Kinder erfahren, welche Sozialformen es gibt (je nach Symbol auf dem Arbeitsblatt Einzel-, Partner- oder Gruppenarbeit) und wie sich die Schwierigkeitsgrade voneinander unterscheiden: ein Stern für leicht zu lösende Aufgaben mit einem hohen Grad an Reproduktion; zwei Sterne für Aufgaben, die mehr Eigenleistung erfordern; drei Sterne für anspruchsvolle Aufgaben mit einem hohen Anteil an Eigenleistung.

Folgende Symbole sind auf den Arbeitsmaterialien zu finden:

★ Schwierigkeitsgrad 1

★★ Schwierigkeitsgrad 2

★★★ Schwierigkeitsgrad 3

👤 Einzelarbeit

👥 Partnerarbeit

👥👥 Gruppenarbeit

■ Bildung der Gruppen
Sie müssen klären, ob es feste Gruppen und Paare für die Gruppen- bzw. Partnerarbeit gibt oder ob sich die Kinder immer wieder neu in Arbeitsgruppen zusammenfinden, je nachdem, wie es der Verlauf der Bearbeitung erlaubt.

■ Bearbeitungszeit
Legen Sie fest, wie viel Zeit für eine Lerntheke zur Verfügung stehen soll. Drei oder mehr Unterrichtsstunden erscheinen sinnvoll.

■ Selbstkontrolle und Selbsteinschätzung
Weisen Sie die Kinder darauf hin, wo sie die Lösungen zu den einzelnen Aufgaben finden und wie sie vorgehen sollen, wenn es Probleme bei der Korrektur ihrer Resultate gibt. Entscheiden Sie, ob sie nur Sie oder auch Mitlernende um Hilfe bitten können (siehe auch „Helfersystem").

Wenn es um das Ausfüllen des Selbsteinschätzungsbogens geht, sollten Sie der Klasse verdeutlichen, dass Sie daraus wichtige Schlüsse über den Kenntnisstand der Kinder und den weiteren Verlauf der Unterrichtsarbeit ziehen können: Was läuft gut, was weniger gut? Wo sind noch „Nachbesserungen" notwendig? Wahrheitsgemäße Eintragungen sind daher für alle Beteiligten hilfreich.

■ Sitzordnung

Es empfiehlt sich, im Klassenzimmer eine Sitzordnung herzustellen, die sowohl Einzelarbeitsplätze als auch Gruppentische anbietet, damit die Kinder je nach verlangter Sozialform den geeigneten Arbeitsplatz finden. Daneben müssen die Arbeitsmaterialien an einer zentral gelegenen „Theke" ausgelegt werden. Dort finden die Lernenden je nach Bedarf auch zusätzliches Material, wie z. B. Wörterbücher.

■ Pflichtstationen

Innerhalb einer Lerntheke können Pflichtstationen definiert werden, die alle Lernenden bearbeiten müssen. Diese Pflichtstationen werden gekennzeichnet, indem sie z. B. auf farbiges Papier kopiert werden. Erst nach der Erledigung der Pflichtstationen können die Kinder aus den übrigen Materialien weitere auswählen, die sie zusätzlich bearbeiten wollen. Dieses Vorgehen empfiehlt sich, wenn einzelne Inhalte einer Lerntheke neuen Stoff darstellen und nicht der Wiederholung oder Übung dienen oder um den Kindern eine Binnendifferenzierung anzubieten. So können Sie als Lehrkraft Lernstationen mit leichterem und mittlerem Anspruchsniveau als Pflichtstationen ausweisen und Lernstationen mit höherem Schwierigkeitsgrad als zusätzliche Wahlstationen für leistungsstärkere Lernende definieren. Bei den Lerntheken in diesem Band bietet sich ein solches Vorgehen vor allem bei den Lerntheken 1 und 4 an. Bei Lerntheke 1 zum Thema „Den richtigen Artikel finden" ist die letzte Station, Nummer 4, mit der Bezeichnung „Wörter, bei denen der Artikel bedeutungsunterscheidend ist", vom Anspruchsniveau höher als die vorherigen Stationen. Bei Lerntheke 4 zum Thema „Unregelmäßige Verbformen" hat ebenfalls die letzte Station, Nummer 5, mit der Bezeichnung „Unregelmäßige Präteritumsformen, die man nicht verwechseln sollte" den höchsten Schwierigkeitsgrad.

■ Helfersystem

Nutzen Sie während der Lerntheke-Stunden das Helfersystem (siehe Abb. unten), damit sich die Kinder gegenseitig unterstützen können und Sie als Lehrkraft entlastet sind. Wenn ein Kind eine Aufgabe beendet hat, ihm die Bearbeitung leichtgefallen ist und es bei der (Selbst-)Kontrolle feststellt, dass es keine oder sehr wenige Fehler gemacht hat, kann es sich in der Helferliste unter der jeweiligen Aufgabe eintragen. Die Mitlernenden erkennen dann ganz schnell, an wen sie sich bei Fragen wenden können.

■ Abschlusstests

Mithilfe des Abschlusstests am Ende jeder Lerntheke können die Kinder selbst überprüfen, ob sie die an den Stationen trainierten Aspekte nun beherrschen.

Helfersystem – Ich helfe dir weiter!

Lerntheke _____

	Aufgabe 1	Aufgabe 2	Aufgabe 3	Aufgabe 4	Aufgabe 5	Aufgabe 6	Aufgabe 7
Station 1							
Station 2							
Station 3							
Station 4							

Name: _____

Selbsteinschätzungsbogen für die Lerntheke: _____

Nr.	Thema	Schwierigkeitsstufe	Datum	Was fiel mir leicht?	Was fiel mir schwer? Wobei habe ich Hilfe gebraucht? Gibt es noch Probleme? Was sollte ich wiederholen oder üben?

Lerntheke 1
Den richtigen Artikel finden

Der folgenden Übersicht kannst du entnehmen, welche Stationen dir bei dieser Lerntheke angeboten werden. Hake die einzelnen Stationen in der rechten Spalte ab, nachdem du sie bearbeitet hast. So behältst du den Überblick, welche Aufgaben du schon erledigt hast und welche noch nicht.

Tipp: Bearbeite zuerst die Aufgaben der Stationen 1 bis 3, erst danach Station 4. So wird dir die Lösung der Aufgaben leichter fallen. Hast du die Stationen 1 bis 4 erledigt, führe den Abschlusstest durch und überprüfe damit selbst, ob du das zuvor Gelernte nun beherrschst.

Nimm bei den Stationen 3 und 4 ein Wörterbuch zu Hilfe.

Übersicht

	Station	Thema	Erledigt?
	1	Endungen, die den Artikel verraten	
spielerisch	2	Das Grundwort verrät den Artikel bei zusammengesetzten Nomen	
spielerisch	3	Den richtigen Artikel im Wörterbuch finden	
	4	Wörter, bei denen der Artikel bedeutungsunterscheidend ist	
	5	Abschlusstest	

Name: _____   Datum: _____

1 Endungen, die den Artikel verraten

★ | 👤 👥 👥👥

1. Sieh dir die Beispielwörter an und ergänze die Merksätze entsprechend.

die Gesund**heit** **die** Wahr**heit**	**die** Neuig**keit** **die** Müdig**keit**	**die** Freund**schaft** **die** Mann**schaft**	**die** Zeit**ung** **die** Mein**ung**
die Bäcker**ei** **die** Bücher**ei**	**die** Nat**ur** **die** Fris**ur**		
das Kätz**chen** **das** Häus**chen**	**das** Männ**lein** **das** Kind**lein**		
der Tepp**ich** **der** Gänser**ich**			

Merksatz 1

Wörter mit der Endung „-_____", „-_____", „-_____", „-_____",

„-_____" und „-_____" haben immer den weiblichen Artikel „die".

Beispiele: die Gesundheit, die Neuigkeit, die Freundschaft, die Zeitung, die Bäckerei,
die Natur

Merksatz 2

Wörter mit der Endung „-_____" und „-_____" haben immer den sächlichen
Artikel „das".

Beispiele: das Kätzchen, das Männlein

Merksatz 3

Wörter mit der Endung „-_____" haben immer den männlichen Artikel „der".

Beispiele: der Teppich, der Gänserich

★ | 👤 👥 👥👥

2. Ergänze den fehlenden Artikel.

_____ Mädchen

Obwohl ich weiblich bin, habe ich ein sächliches Geschlecht, da „Mädchen" eine Verkleinerungsform von „Magd" ist und Verkleinerungsformen immer sächlich sind. Deshalb haben sie den Artikel „das".

Den richtigen Artikel finden
Autorin: Birgit Lascho · Lerntheke DaZ 5/6 · Grammatik · Illustrator: Steffen Jähde

KV 1
Seite 1 von 2

Name: _____   Datum: _____

★★ | 👤 👥 👨‍👨‍👦

3. Ergänze die fehlenden Artikel.

_____ Freiheit, _____ Einsamkeit, _____ Hündchen, _____ Gesellschaft,

_____ Leistung, _____ Bächlein, _____ Schlägerei, _____ Enterich, _____ Kultur,

_____ Kästchen, _____ Erbschaft, _____ Umleitung, _____ Traurigkeit,

_____ Bottich, _____ Tastatur, _____ Entlein, _____ Metzgerei, _____ Faulheit

★★★ | 👤 👥 👨‍👨‍👦

4. Verbinde die Wortanfänge mit den richtigen Endungen und schreibe die Wörter mit dem richtigen Artikel auf.

Blüm		ung		Graf		ur
Freundlich		heit		Vög		keit
Tepp		schaft		Mäuser		ung
Bos		ei		Strukt		schaft
Verletz		keit		Feig		ich
Schneider		ich		Üb		heit
Fußballmeister		chen		Sauber		lein

_____

_____

_____

_____

_____

_____

★★★ | 👤 👥 👨‍👨‍👦

5. Schreibe zu den Adjektiven das entsprechende Nomen mit der Endung „-keit" und dem korrekten Artikel auf.

a) sparsam = _____   b) fröhlich = _____

Cornelsen Den richtigen Artikel finden
Autorin: Birgit Lascho · Lerntheke DaZ 5/6 · Grammatik · Illustrator: Steffen Jähde

KV 1
Seite 2 von 2

2 Das Grundwort verrät den Artikel bei zusammengesetzten Nomen

★ | 👤 👥 👥👥

1. Finde bei den Beispielen der zusammengesetzten Nomen heraus, welches Nomen jeweils das Geschlecht des Artikels bestimmt, und ergänze bei dem Merksatz das passende Wort aus der Klammer.

> Tafelschwamm = die Tafel + der Schwamm = der Tafelschwamm
> Haustür = das Haus + die Tür = die Haustür
> Stofftier = der Stoff + das Tier = das Stofftier

> Bei zusammengesetzten Nomen bestimmt das _____ (vordere/hintere) Wort, das Grundwort, das Geschlecht des Artikels.

★★ | 👤 👥 👥👥

2. Notiere bei den zusammengesetzten Nomen den passenden Artikel.

a) _____ Mülltonne   e) _____ Schatzkiste   i) _____ Autoreifen

b) _____ Rathaus   f) _____ Federball   j) _____ Dorfkirche

c) _____ Fensterscheibe   g) _____ Zahnrad   k) _____ Bahnhof

d) _____ Kinderwagen   h) _____ Spieluhr   l) _____ Satzzeichen

★★★ | 👤 👥 👥👥

3. Finde heraus, welches zusammengesetzte Nomen bei dem Bilderpuzzle gesucht wird, und notiere das gesuchte Nomen mit dem passenden Artikel.

a) _____   c) _____

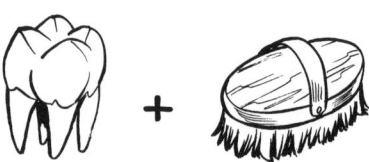 

b) _____   d) _____

Cornelsen   Den richtigen Artikel finden
Autorin: Birgit Lascho · Lerntheke DaZ 5/6 · Grammatik · Illustrator: Steffen Jähde

KV 2
Seite 1 von 2

10

★★★ | 👥 👥👥

4. Findet euch zu zwei bis vier Lernenden zusammen und schneidet die Dominokarten aus. Spielt dann eine oder mehrere Runden Domino nach der Anleitung. Achtet dabei darauf, dass nur Karten mit dem passenden Artikel angelegt werden.

> **Domino**
> Jedes Kind bekommt zu Beginn fünf Karten. Die restlichen Karten kommen verdeckt auf einen Stapel, eine Karte wird aufgedeckt hingelegt. Wer an diese Karte keine passende Karte anlegen kann, muss eine weitere Karte vom Stapel ziehen. Legt jemand eine nicht passende Karte an, muss er zur Strafe zwei Karten ziehen. Gewonnen hat, wer zuerst alle Karten ablegen konnte.

Bettdecke	der	Wasserball	das	Kartenspiel	der	Leiterwagen	die
Büroklammer	der	Bahnhof	das	Staubtuch	der	Kinosaal	die
Füllerkappe	der	Spielplatz	das	Speiseeis	der	Pappkarton	das
Autobahn	der	Bleistift	das	Kuchenblech	der	Topfpflanze	das
Gartenhütte	der	Pausengong	das	Briefpapier	der	Autotür	der
Stofftasche	das	Hausflur	die	Hoftor	die	Schatzkiste	der
Haarbürste	das	Fenstergriff	die	Stofftier	die	Schulgebäude	die
Mülltonne	das	Lastwagen	die	Grillfest	die	Wagenrad	die
Plastiktüte	das	Kugelschreiber	die	Nachtgespenst	die	Tischbein	der
Turmuhr	das	Wäscheständer	die	Türschloss	die	Eintrittskarte	das

3   Den richtigen Artikel im Wörterbuch finden

★ | 👤 👥 👥👥

1. Lies den Informationstext und ergänze den Satz darunter.

> Ob ein Nomen den männlichen Artikel „der", den weiblichen Artikel „die" oder den sächlichen Artikel „das" besitzt, kannst du in einem Wörterbuch nachschlagen. Dabei musst du unter dem Anfangsbuchstaben des Nomens nachschlagen, für das du den Artikel suchst. Die Wörter sind nach dem Alphabet von A bis Z im Wörterbuch angeordnet: A B C D E F G H I J K L M N O P Q R S T U V W X Y Z. Buchstaben am Rand der Seite, die sogenannte Griffleiste, erleichtern dir das Auffinden der einzelnen Buchstaben und damit der Wörter, die mit diesem Buchstaben beginnen.
> Der Artikel für das Nomen, den du suchst, steht im Normalfall direkt hinter dem Nomen.

Den Artikel für das Nomen findet man direkt _____ dem Nomen.

★ | 👤 👥 👥👥

2. Ergänze die fehlenden Buchstaben bei den nach dem Alphabet angeordneten Buchstaben.

a) a __ __ d __ __ g __ __ j __ __ m __ __ p __ __ s __ __ v w __ __ z

b) A B C __ __ __ G __ __ __ K __ __ __ O __ __ __ S __ __ __ __ X Y Z

★★ | 👤 👥 👥👥

3. Sieh dir die Wörterbuchauszüge an und notiere den Artikel für das angegebene Wort.

Regal, das; -s, -e (Bücher-, Waren-Gestell mit Fächern)	Schaukel, die; -, -n; Schaukelbewegung; Schaukelei; schaukelig, schauklig	Fleck, der; -(e)s, -e, Flecken, der; -s; -; der blinde Fleck (im Auge); Fleckchen
a) _____ Regal	b) _____ Schaukel	c) _____ Fleck

Cornelsen   Den richtigen Artikel finden
Autorin: Birgit Lascho · Lerntheke DaZ 5/6 · Grammatik · Illustrator: Steffen Jähde

KV 3
Seite 1 von 2

Name: _____ Datum: _____

★★ | 👤 👥 👥👥

4. Notiere, unter welchem Buchstaben im Wörterbuch du die folgenden Wörter suchen musst.

  a) „Laub" findet sich unter „_____" im Wörterbuch.

  b) „Höhle" findet sich unter „_____" im Wörterbuch.

  c) „Würfel" findet sich unter „_____" im Wörterbuch.

  d) „Besen" findet sich unter „_____" im Wörterbuch.

★★ | 👤 👥 👥👥

5. Nimm ein Wörterbuch und suche jeweils den richtigen Artikel für die Wörter aus Aufgabe 4 heraus und schreibe ihn auf.

  a) _____ Laub   b) _____ Höhle   c) _____ Würfel   d) _____ Besen

★★★ | 👥 👥👥

6. Suche dir einen oder mehrere Mitspieler. Sucht dann um die Wette die Artikel zu folgenden Nomen und schreibt sie auf. Sieger ist, wer alle zuerst gefunden hat.

  a) _____ Mauer

  b) _____ Spaß

  c) _____ Liege

  d) _____ Verlies

  e) _____ Himmel

  f) _____ Quadrat

  g) _____ Vorhang

  h) _____ Pforte

  i) _____ Feld

  j) _____ Geschwister

  k) _____ Tunnel

  l) _____ Fahne

  m) _____ Seil

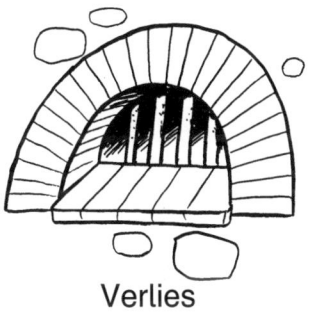

Verlies

Pforte

Quadrat

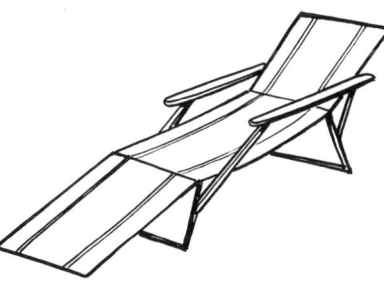

Campingliege

Cornelsen Den richtigen Artikel finden
Autorin: Birgit Lascho · Lerntheke DaZ 5/6 · Grammatik · Illustrator: Steffen Jähde

KV 3
Seite 2 von 2

4 Wörter, bei denen der Artikel bedeutungsunterscheidend ist

★ | 👤 👥 👥👥

1. Sieh dir die Bezeichnungen mit den Artikeln für die beiden abgebildeten Dinge an und kreuze an, was du feststellen kannst.

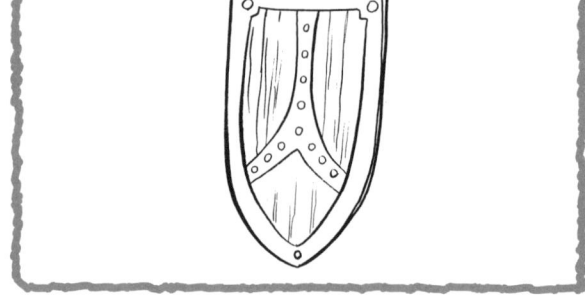

das Schild an der Straße   **der** Schild eines Ritters

☐ Das gleich lautende Nomen bezeichnet hier auf beiden Bildern den gleichen Gegenstand, obwohl der Artikel unterschiedlich ist. Deshalb kann man sich in diesem Fall nach Lust und Laune aussuchen, welchen Artikel man verwendet.

☐ Das gleich lautende Nomen bezeichnet zwei unterschiedliche Dinge, die mit unterschiedlichen Artikeln stehen. Der Artikel verdeutlicht dabei, in welcher Bedeutung das Wort gemeint ist, er hat bedeutungsunterscheidende Funktion. Deshalb muss man in diesem Fall aufpassen, dass man entsprechend der Bedeutung des Wortes den richtigen Artikel verwendet.

★★ | 👤 👥 👥👥

2. Schreibe auf, mit welchem bestimmten Artikel (der, die, das) die gleich lautenden Nomen in welcher Bedeutung stehen müssen. Nimm dazu ein Wörterbuch zu Hilfe, in dem du nachschlagen kannst, welcher Artikel bei welcher Bedeutung verwendet werden muss.

a) Steighilfe: _____ Leiter   ⟷ Vorsteher: _____ Leiter

b) Lastwagen: _____ Laster   ⟷ schlechtes Verhalten: _____ Laster

c) Schnur: _____ Band   ⟷ einzelnes Buch einer Buchreihe: _____ Band

d) große Tür: _____ Tor   ⟷ dummer, unerfahrener Mensch: _____ Tor

e) Fehler: _____ Mangel   ⟷ Bügelmaschine: _____ Mangel

f) dickes Seil: _____ Tau   ⟷ feuchter Niederschlag: _____ Tau

g) Korridor im Haus: _____ Flur   ⟷ nutzbare Ackerfläche: _____ Flur

h) Intensivfütterung: _____ Mast ⟷ Pfahl: _____ Mast

Cornelsen Den richtigen Artikel finden
Autorin: Birgit Lascho · Lerntheke DaZ 5/6 · Grammatik · Illustrator: Steffen Jähde

KV 4
Seite 1 von 2

Name: _____   Datum: _____

★★★ | 👤 👥 👪

3. Sieh dir die Bilderpaare an und ordne zu, welches gleich lautende Nomen mit zwei unterschiedlichen Bedeutungen jeweils gesucht wird. Schreibe es mit dem passenden bestimmten Artikel an die richtige Stelle. Wenn du unsicher bist, schlage die Artikel im Wörterbuch nach.

See ◆ Junge ◆ Pony ◆ Kiefer

 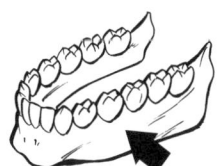 

a) _____   b) _____   a) _____   b) _____

a) _____   b) _____   a) _____   b) _____

★★★ | 👤 👥 👪

4. Überlege, welcher bestimmte Artikel bei den Sätzen inhaltlich passt, und ergänze ihn.

a) Schau, _____ Junge hat ein Skateboard!

b) Da kommt _____ Leiter der Schule um die Ecke.

c) Meiner Meinung nach ist _____ Straßenschild schlecht zu lesen.

d) Sieh mal, _____ Junge läuft der Henne, der Mutter der Küken, nach!

e) Am Apfelbaum steht _____ Leiter.

f) Guck, _____ Schutzschild des Ritters hat viele Löcher!

Cornelsen   Den richtigen Artikel finden
Autorin: Birgit Lascho · Lerntheke DaZ 5/6 · Grammatik · Illustrator: Steffen Jähde

KV 4
Seite 2 von 2

15

5 Abschlusstest

Den richtigen Artikel finden:
Was hast du dazugelernt?

1. Ergänze die fehlenden Artikel.

_____ Gesundheit, _____ Fröhlichkeit, _____ Häuschen, _____ Erbschaft,

_____ Zeitung, _____ Männlein, _____ Schlägerei, _____ Teppich, _____ Natur,

_____ Kätzchen, _____ Mannschaft, _____ Verletzung, _____ Sauberkeit,

_____ Enterich, _____ Tastatur, _____ Mäuslein, _____ Bücherei, _____ Freiheit

2. Notiere bei den zusammengesetzten Nomen den passenden Artikel.

a) _____ Schatzkiste   e) _____ Büroklammer   i) _____ Autoreifen

b) _____ Türschloss   f) _____ Bahnhof   j) _____ Turmuhr

c) _____ Zahnbürste   g) _____ Kuchenblech   k) _____ Spielplatz

d) _____ Leiterwagen   h) _____ Dorfkirche   l) _____ Rathaus

3. Notiere, unter welchem Buchstaben du die folgenden Nomen im Wörterbuch nachschlagen musst:

a) „Stapel" unter „__"   c) „Biene" unter „__"   e) „Wald" unter „__"   g) „Keller" unter „__"

b) „Rasen" unter „__"   d) „Fuß" unter „__"   f) „Halle" unter „__"   h) „Dose" unter „__"

4. Schreibe auf, mit welchem Artikel das Nomen mit der in der Klammer angegebenen Bedeutung stehen muss.

a) _____ See (Meer)

b) _____ Kiefer (Nadelbaum)

c) _____ Mangel (Fehler)

d) _____ Junge (männliches Kind)

e) _____ Tor (dummer, unerfahrener Mensch)

f) _____ Band (Schnur)

g) _____ Schild (Schutzwaffe)

h) _____ Pony (kleines Pferd)

i) _____ Junge (Tierbaby)

j) _____ Tor (große Tür)

k) _____ Pony (Frisur an der Stirn)

l) _____ Kiefer (Gesichtsknochen)

m) _____ Band (Teil einer Buchreihe)

n) _____ Schild (Hinweistafel)

o) _____ See (abgeschlossenes Gewässer)

p) _____ Mangel (Bügelmaschine)

Cornelsen Den richtigen Artikel finden
Autorin: Birgit Lascho · Lerntheke DaZ 5/6 · Grammatik

KV 5
Seite 1 von 1

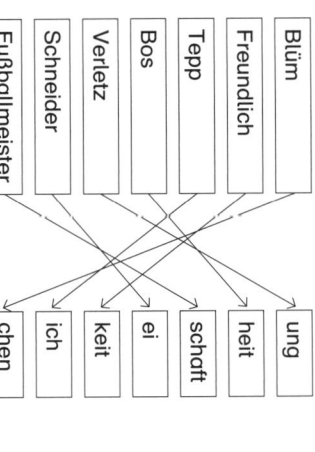

Name: _____ Datum: _____

1 Endungen, die den Artikel verraten

★ | ★★ | ★★★
1. Sieh dir die Beispielwörter an und ergänze die Merksätze entsprechend.

die Gesundheit	die Neuigkeit	die Freundschaft	die Zeitung
die Wahrheit	die Müdigkeit	die Mannschaft	die Meinung
die Bäckerei	die Natur		
die Bücherei	die Frisur		
das Kätzchen	das Männlein		
das Häuschen	das Kindlein		
der Teppich			
der Gänserich			

Merksatz 1

Wörter mit der Endung „-__heit__", „__-keit__", „__-schaft__", „__-ung__",
„__-ei__" und „__-ur__" haben immer den weiblichen Artikel „die".

Beispiele: die Gesundheit, die Neuigkeit, die Freundschaft, die Zeitung, die Bäckerei,
die Natur

Merksatz 2

Wörter mit der Endung „__-chen__" und „__-lein__" haben immer den sächlichen
Artikel „das".

Beispiele: das Kätzchen, das Männlein

Merksatz 3

Wörter mit der Endung „__-ich__" haben immer den männlichen Artikel „der".

Beispiele: der Teppich, der Gänserich

Obwohl ich weiblich bin, habe ich ein sächliches Geschlecht, da „Mädchen" eine Verkleinerungsform von „Magd" ist und Verkleinerungsformen immer sächlich sind. Deshalb haben sie den Artikel „das".

★ | ★★ | ★★★
2. Ergänze den fehlenden Artikel.

__das__ Mädchen

Den richtigen Artikel finden
Autorin: Birgit Lascho · Lerntheke DaZ 5/6 · Grammatik · Illustrator: Steffen Jähde

Lösungen – Lerntheke 1

Name: _____ Datum: _____

★ | ★★ | ★★★
3. Ergänze die fehlenden Artikel.

__die__ Freiheit, __die__ Einsamkeit, __das__ Hündchen, __die__ Gesellschaft,
__die__ Leistung, __das__ Bächlein, __die__ Schlägerei, __der__ Enterich, __die__ Kultur,
__das__ Kästchen, __die__ Erbschaft, __die__ Umleitung, __die__ Traurigkeit,
__der__ Bottich, __die__ Tastatur, __das__ Entlein, __die__ Metzgerei, __die__ Faulheit

★ | ★★ | ★★★
4. Verbinde die Wortanfänge mit den richtigen Endungen und schreibe die Wörter mit
dem richtigen Artikel auf.

Blüm		ung	Graf
Freundlich		heit	Vög
Tepp		ei	Mäuser
Bos		schaft	Strukt
Verletz		keit	Feig
Schneider		ich	Üb
Fußballmeister		chen	Sauber

		ur
		keit
		ung
		schaft
		ich
		heit
		lein

das Blümchen, die Freundlichkeit, der Teppich,
die Bosheit, die Verletzung, die Schneiderei,
die Fußballmeisterschaft, die Grafschaft, das Vöglein,
der Mäuserich, die Struktur, die Feigheit, die Übung,
die Sauberkeit

★★★ | ★★★ | ★★★
5. Schreibe zu den Adjektiven das entsprechende Nomen mit der Endung „-keit" und dem
korrekten Artikel auf.

a) sparsam = __die Sparsamkeit__   b) fröhlich = __die Fröhlichkeit__

Den richtigen Artikel finden
Autorin: Birgit Lascho · Lerntheke DaZ 5/6 · Grammatik · Illustrator: Steffen Jähde

Lösungen – Lerntheke 1

2 Das Grundwort verrät den Artikel bei zusammengesetzten Nomen

★ | ♟ ♟♟ ♟♟♟
1. Finde bei den Beispielen der zusammengesetzten Nomen heraus, welches Nomen jeweils das Geschlecht des Artikels bestimmt, und ergänze bei dem Merksatz das passende Wort aus der Klammer.

Tafelschwamm = die Tafel + der Schwamm = der Tafelschwamm
Haustür = das Haus + die Tür = die Haustür
Stofftier = der Stoff + das Tier = das Stofftier

Bei zusammengesetzten Nomen bestimmt das __hintere__ (vordere/hintere) Wort, das Grundwort, das Geschlecht des Artikels.

★★ | ♟ ♟♟ ♟♟♟
2. Notiere bei den zusammengesetzten Nomen den passenden Artikel.

a) __die__ Mülltonne   e) __die__ Schatzkiste   i) __die__ Autoreifen
b) __das__ Rathaus   f) __der__ Federball   j) __die__ Dorfkirche
c) __die__ Fensterscheibe   g) __das__ Zahnrad   k) __der__ Bahnhof
d) __der__ Kinderwagen   h) __die__ Spieluhr   l) __das__ Satzzeichen

★★★ | ♟ ♟♟ ♟♟♟
3. Finde heraus, welches zusammengesetzte Nomen bei dem Bilderpuzzle gesucht wird, und notiere das gesuchte Nomen mit dem passenden Artikel.

a) das Türschloss

b) die Zahnbürste

c) der Wasserhahn

d) der Handschuh

Cornelsen — Den richtigen Artikel finden
Autorin: Birgit Loscho · Lerntheke DaZ 5/6 · Grammatik · Illustrator: Steffen Jähde
KV 2
Seite 1 von 2

★★★ | ♟♟ ♟♟♟
4. Findet euch zu zwei bis vier Lernenden zusammen und schneidet die Dominokarten aus. Spielt dann eine oder mehrere Runden Domino nach der Anleitung. Achtet dabei darauf, dass nur Karten mit dem passenden Artikel angelegt werden.

Domino
Jedes Kind bekommt zu Beginn fünf Karten. Die restlichen Karten kommen verdeckt auf einen Stapel, eine Karte wird aufgedeckt hingelegt. Wer an diese Karte keine passende Karte anlegen kann, muss eine weitere Karte vom Stapel ziehen. Legt jemand eine nicht passende Karte an, muss er zur Strafe zwei Karten ziehen. Gewonnen hat, wer zuerst alle Karten ablegen konnte.

die Bettdecke, der Wasserball, das Kartenspiel, der Leiterwagen, die Büroklammer, der Bahnhof, das Staubtuch, der Kinosaal, die Füllerkappe, der Spielplatz, das Speiseeis, der Pappkarton, die Autobahn, der Bleistift, das Kuchenblech, die Topfpflanze, die Gartenhütte, der Pausengong, das Briefpapier, die Autotür, die Stofftasche, der Hausflur, das Hoftor, die Schatzkiste, die Haarbürste, der Fenstergriff, das Stofftier, das Schulgebäude, die Mülltonne, der Lastwagen, das Grillfest, das Wagenrad, die Plastiktüte, der Kugelschreiber, das Nachtgespenst, das Tischbein, die Turmuhr, der Wäscheständer, das Türschloss, die Eintrittskarte

Cornelsen — Den richtigen Artikel finden
Autorin: Birgit Loscho · Lerntheke DaZ 5/6 · Grammatik
KV 2
Seite 2 von 2

Name: _____ Datum: _____

3 Den richtigen Artikel im Wörterbuch finden

Lösungen – Lerntheke 1

★ | ★ ★ | ★ ★ ★
1. Lies den Informationstext und ergänze den Satz darunter.

> Ob ein Nomen den männlichen Artikel „der", den weiblichen Artikel „die" oder den sächlichen Artikel „das" besitzt, kannst du in einem Wörterbuch nachschlagen. Dabei musst du unter dem Anfangsbuchstaben des Nomens nachschlagen, für das du den Artikel suchst. Die Wörter sind nach dem Alphabet von A bis Z im Wörterbuch angeordnet: A B C D E F G H I J K L M N O P Q R S T U V W X Y Z. Buchstaben am Rand der Seite, die sogenannte Griffleiste, erleichtern dir das Auffinden der einzelnen Buchstaben und damit der Wörter, die mit diesem Buchstaben beginnen. Der Artikel für das Nomen, den du suchst, steht im Normalfall direkt hinter dem Nomen.

Den Artikel für das Nomen findet man direkt **hinter** _____ dem Nomen.

★ | ★ ★ | ★ ★ ★
2. Ergänze die fehlenden Buchstaben bei den nach dem Alphabet angeordneten Buchstaben.

a) a b c _d_ e f _g_ h i _j_ k l _m_ n o p q _r_ s t u _v_ w x _y_ z

b) A B C _D_ E F _G_ H I _J_ K _L_ M N _O_ P Q R S T U V _W_ X Y Z

★ | ★ ★ | ★ ★ ★
3. Sieh dir die Wörterbuchauszüge an und notiere den Artikel für das angegebene Wort.

Regal, das; -s, -e (Bücher-, Waren-Gestell mit Fächern)	Schaukel, die; -, -n; Schaukelbewegung; Schaukelei; schaukelig, schauklig	Fleck, der; -(e)s, -e, Flecken, der; -s, -; der blinde Fleck (im Auge); Fleckchen

a) **das** Regal   b) **die** Schaukel   c) **der** Fleck

Name: _____ Datum: _____

Lösungen – Lerntheke 1

★ | ★ ★ | ★ ★ ★
4. Notiere, unter welchem Buchstaben im Wörterbuch du die folgenden Wörter suchen musst.

a) „Laub" findet sich unter „ **L** " im Wörterbuch.

b) „Höhle" findet sich unter „ **H** " im Wörterbuch.

c) „Würfel" findet sich unter „ **W** " im Wörterbuch.

d) „Besen" findet sich unter „ **B** " im Wörterbuch.

★ ★ | ★ ★ ★
5. Nimm ein Wörterbuch und suche jeweils den richtigen Artikel für die Wörter aus Aufgabe 4 heraus und schreibe ihn auf.

a) **das** Laub   b) **die** Höhle   c) **der** Würfel   d) **der** Besen

★ ★ ★
6. Suche dir einen oder mehrere Mitspieler. Sucht dann um die Wette die Artikel zu folgenden Nomen und schreibt sie auf. Sieger ist, wer alle zuerst gefunden hat.

a) **die** Mauer

b) **der** Spaß

c) **die** Liege

d) **das** Verlies

e) **der** Himmel

f) **das** Quadrat

g) **der** Vorhang

h) **die** Pforte

i) **das** Feld

j) **die** Geschwister

k) **der** Tunnel

l) **die** Fahne

m) **das** Seil

Verlies

Quadrat

Pforte

Campingliege

Name: Datum:

4 Wörter, bei denen der Artikel bedeutungsunterscheidend ist

★ | ⚐ ⚐⚐ ⚐⚐⚐

1. Sieh dir die Bezeichnungen mit den Artikeln für die beiden abgebildeten Dinge an und kreuze an, was du feststellen kannst.

das Schild an der Straße

der Schild eines Ritters

☐ Das gleich lautende Nomen bezeichnet hier auf beiden Bildern den gleichen Gegenstand, obwohl der Artikel unterschiedlich ist. Deshalb kann man sich in diesem Fall nach Lust und Laune aussuchen, welchen Artikel man verwendet.

☒ Das gleich lautende Nomen bezeichnet zwei unterschiedliche Dinge, die mit unterschiedlichen Artikeln stehen. Der Artikel verdeutlicht dabei, in welcher Bedeutung das Wort gemeint ist, er hat bedeutungsunterscheidende Funktion. Deshalb muss man in diesem Fall aufpassen, dass man entsprechend der Bedeutung des Wortes den richtigen Artikel verwendet.

★★ | ⚐ ⚐⚐ ⚐⚐⚐

2. Schreibe auf, mit welchem bestimmten Artikel (der, die, das) die gleich lautenden Nomen in welcher Bedeutung stehen müssen. Nimm dazu ein Wörterbuch zu Hilfe, in dem du nachschlagen kannst, welcher Artikel bei welcher Bedeutung verwendet werden muss.

a) Steighilfe: **die** Leiter ⟷ Vorsteher: **der** Leiter

b) Lastwagen: **der** Laster ⟷ schlechtes Verhalten: **das** Laster

c) Schnur: **das** Band ⟷ einzelnes Buch einer Buchreihe: **der** Band

d) große Tür: **das** Tor ⟷ dummer, unerfahrener Mensch: **der** Tor

e) Fehler: **der** Mangel ⟷ Bügelmaschine: **die** Mangel

f) dickes Seil: **das** Tau ⟷ feuchter Niederschlag: **der** Tau

g) Korridor im Haus: **der** Flur ⟷ nutzbare Ackerfläche: **die** Flur

h) Intensivfütterung: **die** Mast ⟷ Pfahl: **der** Mast

Lösungen – Lerntheke 1

Name: Datum:

★★★ | ⚐ ⚐⚐ ⚐⚐⚐

3. Sieh dir die Bilderpaare an und ordne zu, welches gleich lautende Nomen mit zwei unterschiedlichen Bedeutungen jeweils gesucht wird. Schreibe es mit dem passenden bestimmten Artikel an die richtige Stelle. Wenn du unsicher bist, schlage die Artikel im Wörterbuch nach.

See ◆ Junge ◆ Pony ◆ Kiefer

a) **die** Kiefer   b) **der** Kiefer

a) **der** See   b) **die** See

a) **der** Junge   b) **das** Junge

a) **das** Pony   b) **der** Pony

★★★ | ⚐ ⚐⚐ ⚐⚐⚐

4. Überlege, welcher bestimmte Artikel bei den Sätzen inhaltlich passt, und ergänze ihn.

a) Schau, **der** Junge hat ein Skateboard!

b) Da kommt **der** Leiter der Schule um die Ecke.

c) Meiner Meinung nach ist **das** Straßenschild schlecht zu lesen.

d) Sieh mal, **das** Junge läuft der Henne, der Mutter der Küken, nach!

e) Am Apfelbaum steht **die** Leiter.

f) Guck, **der** Schutzschild des Ritters hat viele Löcher!

Lösungen – Lerntheke 1

5 Abschlusstest

Den richtigen Artikel finden:
Was hast du dazugelernt?

1. Ergänze die fehlenden Artikel.

die Gesundheit, die Fröhlichkeit, das Häuschen, die Erbschaft, die Zeitung, das Männlein, die Schlägerei, der Teppich, die Natur, das Kätzchen, die Mannschaft, die Verletzung, die Sauberkeit, der Enterich, die Tastatur, das Mäuslein, die Bücherei, die Freiheit

2. Notiere bei den zusammengesetzten Nomen den passenden Artikel.

a) die Schatzkiste   e) die Büroklammer   i) der Autoreifen
b) das Türschloss   f) der Bahnhof   j) die Turmuhr
c) die Zahnbürste   g) das Kuchenblech   k) der Spielplatz
d) der Leiterwagen   h) die Dorfkirche   l) das Rathaus

3. Notiere, unter welchem Buchstaben du die folgenden Nomen im Wörterbuch nachschlagen musst:

a) „Stapel" unter „S"   c) „Biene" unter „B"   e) „Wald" unter „W"   g) „Keller" unter „K"
b) „Rasen" unter „R"   d) „Fuß" unter „F"   f) „Halle" unter „H"   h) „Dose" unter „D"

4. Schreibe auf, mit welchem Artikel das Nomen mit der in der Klammer angegebenen Bedeutung stehen muss.

a) die See (Meer)   i) das Junge (Tierbaby)
b) die Kiefer (Nadelbaum)   j) das Tor (große Tür)
c) der Mangel (Fehler)   k) der Pony (Frisur an der Stirn)
d) der Junge (männliches Kind)   l) der Kiefer (Gesichtsknochen)
e) der Tor (dummer, unerfahrener Mensch)   m) der Band (Teil einer Buchreihe)
f) das Band (Schnur)   n) das Schild (Hinweistafel)
g) der Schild (Schutzwaffe)   o) der See (abgeschlossenes Gewässer)
h) das Pony (kleines Pferd)   p) die Mangel (Bügelmaschine)

Lösungen – Lerntheke 1

Lerntheke 2
Deklinieren

Der folgenden Übersicht kannst du entnehmen, welche Stationen dir bei dieser Lerntheke angeboten werden. Hake die einzelnen Stationen in der rechten Spalte ab, nachdem du sie bearbeitet hast. So behältst du den Überblick, welche Aufgaben du schon erledigt hast und welche noch nicht.

Tipp: Bearbeite zuerst die Aufgaben der Stationen 1 bis 3 und erst danach jene der Stationen 4 bis 6. So wird dir die Lösung der Aufgaben leichter fallen. Führe am Ende den Abschlusstest durch und überprüfe damit selbst, ob du das zuvor Gelernte nun beherrschst.

Übersicht

	Station	Thema	Erledigt?
	1	Nomen mit bestimmtem Artikel	
	2	Nomen mit unbestimmtem Artikel	
	3	Nomen mit Demonstrativpronomen	
	4	Nomen mit bestimmtem Artikel und Adjektiv	
spielerisch	5	Nomen mit unbestimmtem Artikel und Adjektiv	
	6	Nomen mit Demonstrativpronomen und Adjektiv	
	7	Abschlusstest	

1   Nomen mit bestimmtem Artikel

★ | 👤 👥

1. Unterstreiche die verschiedenen Formen des Artikels „der, die, das".

Singular (Einzahl)

Fall/Geschlecht	männlich	weiblich	sächlich
Nominativ: Wer oder was?	der Hund	die Katze	das Tier
Genitiv: Wessen?	des Hundes	der Katze	des Tieres
Dativ: Wem?	dem Hund	der Katze	dem Tier
Akkusativ: Wen oder was?	den Hund	die Katze	das Tier

Plural (Mehrzahl)

Fall/Geschlecht	männlich	weiblich	sächlich
Nominativ: Wer oder was?	die Hunde	die Katzen	die Tiere
Genitiv: Wessen?	der Hunde	der Katzen	der Tiere
Dativ: Wem?	den Hunden	den Katzen	den Tieren
Akkusativ: Wen oder was?	die Hunde	die Katzen	die Tiere

★★ | 👤 👥

2. Sieh dir die einzelnen Formen des bestimmten Artikels „der, die, das" im Plural im unteren Kasten an. Was fällt dir beim Vergleich der Formen in den einzelnen Fällen für die verschiedenen Geschlechter auf? Kreuze entsprechend an.

☐ Die Formen des bestimmten Artikels im Plural sind bei allen drei Geschlechtern unterschiedlich.

☐ Die Formen des bestimmten Artikels im Plural sind bei allen drei Geschlechtern gleich.

Lerntheke 2

Name: _____   Datum: _____

★★ | 👤 👥 👪

3. Ergänze den bestimmten Artikel „der, die, das" in der richtigen Form.

Singular (Einzahl)

Fall/Geschlecht	männlich	weiblich	sächlich
Nominativ: Wer oder was?	_____ Mann	_____ Frau	_____ Kind
Genitiv: Wessen?	_____ Mannes	_____ Frau	_____ Kindes
Dativ: Wem?	_____ Mann	_____ Frau	_____ Kind
Akkusativ: Wen oder was?	_____ Mann	_____ Frau	_____ Kind

Plural (Mehrzahl)

Fall/Geschlecht	männlich	weiblich	sächlich
Nominativ: Wer oder was?	_____ Männer	_____ Frauen	_____ Kinder
Genitiv: Wessen?	_____ Männer	_____ Frauen	_____ Kinder
Dativ: Wem?	_____ Männern	_____ Frauen	_____ Kindern
Akkusativ: Wen oder was?	_____ Männer	_____ Frauen	_____ Kinder

★★ | 👤 👥 👪

4. Welche Wortgruppe passt grammatisch in welchen Satz? Ordne zu und notiere die Wortgruppen aus dem Kasten jeweils in der richtigen Lücke.

> den Fuchs ◆ der Fuchs ◆ dem Fuchs ◆ des Fuchses

Dort läuft _____. (Wer oder was?)

Die Ohren _____ stehen hoch. (Wessen?)

Sie hat _____ Futter hingestellt. (Wem?)

Ich sehe _____ dort. (Wen oder was?)

> der Maus ◆ die Maus ◆ der Maus ◆ die Maus

Sofort flüchtet _____ vor der Katze. (Wer oder was?)

Das Fell _____ ist grau. (Wessen?)

Wir stellen _____ Futter hin. (Wem?)

Die Katze wartet auf _____. (Wen oder was?)

Cornelsen Deklinieren
Autorin: Birgit Lascho · Lerntheke DaZ 5/6 · Grammatik · Illustrator: Steffen Jähde

KV 1
Seite 2 von 3

Lerntheke 2

24

Name: _____   Datum: _____

| dem Pferd ◆ das Pferd ◆ das Pferd ◆ des Pferdes |

Im Stall wartet _____ auf dich. (Wer oder was?)

Die Augen _____ sind braun. (Wessen?)

Sie reitet auf _____. (Wem?)

Er hört _____ wiehern. (Wen oder was?)

| den Mäusen ◆ die Mäuse ◆ die Mäuse ◆ der Mäuse |

Sofort rennen _____ weg. (Wer oder was?)

Er hört das Rascheln _____. (Wessen?)

Sie stellen _____ Futter hin. (Wem?)

Die Katze beobachtet _____. (Wen oder was?)

★★|👤 👥 👨‍👩‍👧

5. Überlege, wie die grammatisch passende Form des bestimmten Artikels „der, die, das"
lauten muss, und ergänze ihn mit dem angegebenen Nomen in der entsprechenden Lücke.

a) Sie deckt _____ (der Tisch). (Wen oder was?)

b) Er gibt _____ (die Blume) Wasser. (Wem?)

c) Der Henkel _____ (die Tasse) ist abgebrochen. (Wessen?)

d) Julia fragt _____ (der Verkäufer). (Wen oder was?)

e) Schnell macht sich _____ (der Junge) auf den Weg. (Wer oder was?)

f) Sie putzt _____ (der Boden). (Wen oder was?)

g) Der Kontrolleur gibt _____ (die Frau) den Fahrschein zurück. (Wem?)

★★★|👤 👥 👨‍👩‍👧

6. Ergänze bei den Sätzen Nomen und Artikel in der grammatisch passenden Form.

a) Die Augen _____ (das Kind) waren blau.

b) Sie bringt _____ (der Brief) zum Briefkasten.

c) Sie gibt _____ (die Katze) Futter.

d) Das Bellen _____ (der Hund) war überall zu hören.

e) Das Fell _____ (die Katze) war voller Dreck.

f) Sie schenkt _____ (das Kind) eine Tafel Schokolade.

g) Leider hat _____ (der Zug) eine Stunde Verspätung.

 Deklinieren
Autorin: Birgit Lascho · Lerntheke DaZ 5/6 · Grammatik · Illustrator: Steffen Jähde

2 Nomen mit unbestimmtem Artikel

★ | 👤 👥

1. Unterstreiche die verschiedenen Formen des unbestimmten Artikels „ein, eine, ein".

Singular (Einzahl)

Fall/Geschlecht	männlich	weiblich	sächlich
Nominativ: Wer oder was?	ein Hund	eine Katze	ein Tier
Genitiv: Wessen?	eines Hundes	einer Katze	eines Tieres
Dativ: Wem?	einem Hund	einer Katze	einem Tier
Akkusativ: Wen oder was?	einen Hund	eine Katze	ein Tier

★★ | 👤 👥 👥

2. Ergänze den unbestimmten Artikel „ein, eine, ein" in der richtigen Form.

Singular (Einzahl)

Fall/Geschlecht	männlich	weiblich	sächlich
Nominativ: Wer oder was?	_____ Mann	_____ Frau	_____ Kind
Genitiv: Wessen?	_____ Mannes	_____ Frau	_____ Kindes
Dativ: Wem?	_____ Mann	_____ Frau	_____ Kind
Akkusativ: Wen oder was?	_____ Mann	_____ Frau	_____ Kind

★★ | 👤 👥 👥

3. Welche Wortgruppe passt grammatisch in welchen Satz? Ordne zu und notiere die Wortgruppen aus dem Kasten jeweils in der richtigen Lücke.

> einem Hasen ◆ ein Hase ◆ einen Hasen ◆ eines Hasen

Dort sitzt _____. (Wer oder was?)

Die Ohren _____ sind lang. (Wessen?)

Salat kann man _____ auf jeden Fall zu fressen geben. (Wem?)

Ich möchte gern _____ haben. (Wen oder was?)

Lerntheke 2

Name: _____   Datum: _____

> einer Taube ◆ eine Taube ◆ eine Taube ◆ einer Taube

Über uns fliegt _____. (Wer oder was?)

Das Gefieder _____ ist oft grau mit schwarzen und weißen Federn. (Wessen?)

Altes Brot kann man _____ auf jeden Fall zu fressen geben. (Wem?)

Ich höre _____ gurren*. (Wen oder was?)   *Laute von sich geben

> einem Eichhörnchen ◆ ein Eichhörnchen ◆ ein Eichhörnchen ◆ eines Eichhörnchens

Da läuft _____. (Wer oder was?)

Das Fell _____ ist rotbraun. (Wessen?)

Nüsse schmecken _____ auf jeden Fall. (Wem?)

Auf dem Baum sehe ich _____. (Wen oder was?)

★★★ | ⚊ ⚊⚊ ⚊⚊⚊

4. Sieh dir das Geschlecht der Nomen im Kasten an und ergänze dann bei den Sätzen den unbestimmten Artikel „ein, eine, ein" in der grammatisch passenden Form.

> männlich: Junge, Elefant ◆ weiblich: Dame, Rutsche ◆ sächlich: Buch, Baby

a) Dort auf der Straße geht _____ Junge.

b) Sie schenkt ihm _____ Buch.

c) Die Augen _____ Babys sind immer blau.

d) Im Park begegnet sie _____ Dame.

e) Auf dem Spielplatz gibt es auch _____ Rutsche.

f) Das Gebrüll _____ Elefanten ist kaum zu überhören.

★★★ | ⚊ ⚊⚊ ⚊⚊⚊

5. Ergänze den unbestimmten Artikel „ein, eine, ein" in der grammatisch passenden Form.

a) Die Haare _____ Frau sind oft lang.

b) Mit _____ Hund muss man regelmäßig spazieren gehen.

c) Unterwegs ist uns _____ Kind begegnet.

d) Hinter dem Baum habe ich _____ Hasen gesehen.

3 Nomen mit Demonstrativpronomen

★ | ▲ ▲▲

1. Unterstreiche die verschiedenen Formen des Demonstrativpronomens „dieser, diese, dieses".

Singular (Einzahl)

Fall/Geschlecht	männlich	weiblich	sächlich
Nominativ: Wer oder was?	dieser Hund	diese Katze	dieses Tier
Genitiv: Wessen?	dieses Hundes	dieser Katze	dieses Tieres
Dativ: Wem?	diesem Hund	dieser Katze	diesem Tier
Akkusativ: Wen oder was?	diesen Hund	diese Katze	dieses Tier

Plural (Mehrzahl)

Fall/Geschlecht	männlich	weiblich	sächlich
Nominativ: Wer oder was?	diese Hunde	diese Katzen	diese Tiere
Genitiv: Wessen?	dieser Hunde	dieser Katzen	dieser Tiere
Dativ: Wem?	diesen Hunden	diesen Katzen	diesen Tieren
Akkusativ: Wen oder was?	diese Hunde	diese Katzen	diese Tiere

★★ | ▲▲

2. Sieh dir die einzelnen Formen des bestimmten Artikels „dieser, diese, dieses" im Plural im unteren Kasten an. Was fällt dir beim Vergleich der Formen in den einzelnen Fällen für die verschiedenen Geschlechter auf? Kreuze entsprechend an.

☐ Die Formen im Plural sind bei allen drei Geschlechtern unterschiedlich.

☐ Die Formen im Plural sind bei allen drei Geschlechtern gleich.

Lerntheke 2

Cornelsen Deklinieren
Autorin: Birgit Lascho · Lerntheke DaZ 5/6 · Grammatik

KV 3
Seite 1 von 3

★★ | 👤 👥 👥👥

3. Ergänze das Demonstrativpronomen „dieser, diese, dieses" in der richtigen Form.

Singular (Einzahl)

Fall/Geschlecht	männlich	weiblich	sächlich
Nominativ: Wer oder was?	_____ Mann	_____ Frau	_____ Kind
Genitiv: Wessen?	_____ Mannes	_____ Frau	_____ Kindes
Dativ: Wem?	_____ Mann	_____ Frau	_____ Kind
Akkusativ: Wen oder was?	_____ Mann	_____ Frau	_____ Kind

Plural (Mehrzahl)

Fall/Geschlecht	männlich	weiblich	sächlich
Nominativ: Wer oder was?	_____ Männer	_____ Frauen	_____ Kinder
Genitiv: Wessen?	_____ Männer	_____ Frauen	_____ Kinder
Dativ: Wem?	_____ Männern	_____ Frauen	_____ Kindern
Akkusativ: Wen oder was?	_____ Männer	_____ Frauen	_____ Kinder

★★ | 👤 👥 👥👥

4. Welche Wortgruppe passt grammatisch in welchen Satz? Ordne zu und notiere die Wortgruppen aus dem Kasten jeweils in der richtigen Lücke.

> diesen Vogel ◆ diesem Vogel ◆ dieser Vogel ◆ dieses Vogels

Hör mal, _____ singt wirklich schön! (Wer oder was?)

Die Federn _____ sind schwarz. (Wessen?)

Das Nest gehört _____ dort. (Wem?)

Ich habe _____ schon gestern hier gesehen. (Wen oder was?)

> dieser Spinne ◆ diese Spinne ◆ diese Spinne ◆ dieser Spinne

Pfui, _____ sieht eklig aus! (Wer oder was?)

Das Netz _____ ist schon groß. (Wessen?)

Pass auf, _____ werden bald Insekten ins Netz gehen! (Wem?)

Pfui, _____ möchte ich nicht anfassen! (Wen oder was?)

Lerntheke 2

| dieses Kaninchens ◆ dieses Kaninchen ◆ dieses Kaninchen ◆ diesem Kaninchen |

Sieh mal, _____ hat braunes Fell! (Wer oder was?)

Die Augen _____ sind groß. (Wessen?)

Ich werde _____ mehr Futter geben. (Wem?)

Er sieht _____ zum ersten Mal. (Wen oder was?)

| diesen Vögeln – diese Vögel – diese Vögel – dieser Vögel |

Hör mal, _____ waren gestern schon hier! (Wer oder was?)

Der Gesang _____ klingt wunderbar. (Wessen?)

Lass uns _____ weiter zuhören! (Wem?)

Schade, ich höre _____ nicht mehr singen. (Wen oder was?)

★★ | 👤 👥 👥👥

5. Ergänze das Demonstrativpronomen „dieser, diese, dieses" mithilfe der Fragen in der grammatisch passenden Form.

a) Schade, _____ Tier können wir nicht mehr helfen. (Wem?)

b) Ja, _____ Hund kannst du streicheln. (Wen oder was?)

c) Der Hut _____ Mannes sieht witzig aus. (Wessen?)

d) Achtung, _____ Katze beobachtet den Vogelkäfig! (Wer oder was?)

e) Das Auto gehört _____ Schwestern. (Wem?)

f) Das Geschrei _____ Kinder ist bis in den Garten zu hören. (Wessen?)

g) Ich glaube, _____ Männer suchen etwas. (Wer oder was?)

h) Wir sollten _____ Kinder eher ins Bett schicken. (Wen oder was?)

★★★ | 👤 👥 👥👥

6. Ergänze das Demonstrativpronomen „dieser, diese, dieses" in der grammatisch passenden Form.

a) Das Fell _____ Katze ist weich.

b) Wir haben das Geld _____ Mann gegeben.

c) Also, _____ Tier habe ich noch nie gesehen.

d) Vorsicht, _____ Hund kann beißen!

e) Ich habe _____ Kindern Süßigkeiten geschenkt.

f) Das Bellen _____ Hunde ist oft sehr laut.

Cornelsen Deklinieren
Autorin: Birgit Lascho · Lerntheke DaZ 5/6 · Grammatik · Illustrator: Steffen Jähde

KV 3
Seite 3 von 3

Lerntheke 2

4 Nomen mit bestimmtem Artikel und Adjektiv

★ | 👤 👥 👨‍👩‍👧

1. Ordne die Wortgruppen, die aus einem Nomen mit einem bestimmten Artikel und einem Adjektiv bestehen, den grammatisch passenden Sätzen zu.

© 2017 Cornelsen Verlag GmbH. Alle Rechte vorbehalten. Die Vervielfältigung dieser Seite ist für den eigenen Unterrichtsgebrauch gestattet. Nutzung sämtlicher Inhalte nur im Rahmen dieser Vorlage.

Lerntheke 2

> den lieben Hund ◆ der liebe Hund ◆ des lieben Hundes ◆ dem lieben Hund

Fall	Singular (Einzahl) männlich
Nominativ: **Wer oder was?**	Sieh mal, _____ wedelt mit dem Schwanz!
Genitiv: **Wessen?**	Der Schwanz _____ bewegt sich freudig.
Dativ: **Wem?**	Er gibt _____ Wasser.
Akkusativ: **Wen oder was?**	Sie streichelt _____ .

> der lieben Katze ◆ die liebe Katze ◆ der lieben Katze ◆ die liebe Katze

Fall	Singular (Einzahl) weiblich
Nominativ: **Wer oder was?**	Hör mal, wie _____ schnurrt!
Genitiv: **Wessen?**	Das Schnurren _____ ist nicht zu überhören.
Dativ: **Wem?**	Sie gibt _____ Futter.
Akkusativ: **Wen oder was?**	Er streichelt _____ .

© 2017 Cornelsen Verlag GmbH. Alle Rechte vorbehalten. Die Vervielfältigung dieser Seite ist für den eigenen Unterrichtsgebrauch gestattet. Nutzung sämtlicher Inhalte nur im Rahmen dieser Vorlage.

Lerntheke 2

des lieben Tieres ◆ dem lieben Tier ◆ das liebe Tier ◆ das liebe Tier

Fall	Singular (Einzahl) sächlich
Nominativ: Wer oder was?	Sieh mal, _____ kommt herbei!
Genitiv: Wessen?	Die Augen _____ sehen dich bettelnd an.
Dativ: Wem?	Er gibt _____ Fleischreste.
Akkusativ: Wen oder was?	Sie streicheln _____ .

der lieben Tiere ◆ die lieben Tiere ◆ den lieben Tieren ◆ die lieben Tiere

Fall	Plural (Mehrzahl) sächlich
Nominativ: Wer oder was?	Hör mal, wie _____ schnurren!
Genitiv: Wessen?	Das Schnurren _____ ist nicht zu überhören.
Dativ: Wem?	Sie gibt _____ Futter.
Akkusativ: Wen oder was?	Er streichelt _____ .

★ | 👤 👥 👥👥

2. Markiere dir die Adjektivendungen in den Tabellen aus Aufgabe 1.

★ | 👤 👥 👥👥

3. Was fällt dir bei allen Adjektivendungen des Plurals in den verschiedenen Fällen auf? Ergänze den Satz entsprechend.

Im Plural haben Adjektive immer die Endung _____ .

★★ | 👤 👥 👨‍👩‍👧

4. Ersetze bei den Sätzen aus Aufgabe 1 das Adjektiv „lieb" durch das Adjektiv „schwarz" und schreibe die Sätze so auf. Achte dabei auf die korrekten Endungen.

_____

_____

_____

_____

_____

_____

_____

_____

_____

_____

_____

_____

_____

_____

_____

_____

_____

_____

★★ | 👤 👥 👨‍👩‍👧

5. Ergänze bei den Sätzen das Adjektiv „treu" in der passenden grammatischen Form.

a) Die Blicke des _____ Hundes erweichten sein Herz.

b) Er stellt der _____ Katze einen Napf mit Milch hin.

c) Schau, das _____ Tier ist uns hinterhergelaufen!

d) Nein, den _____ Hund kann ich nicht vergessen.

e) Die Schwänze der _____ Hunde wedelten wie verrückt.

f) Ja, die _____ Katze muss man einfach mit Futter belohnen.

Lerntheke 2

Cornelsen Deklinieren
Autorin: Birgit Lascho · Lerntheke DaZ 5/6 · Grammatik

★★★ | 👤 👥 👪

6. Ergänze bei den Sätzen die in Klammern stehende Wortgruppe mit der grammatisch passenden Endung anstelle des ☆.

a) Sieh mal, _____ (die klein☆ Frau) trägt Schuhe mit Absätzen!

b) Sie begrüßte _____ (den freundlich☆ Mann).

c) Er beruhigte _____ (das verängstigt☆ Kind).

d) Ich suche _____ (die voll☆ Dose).

e) Das Gesicht _____ (der blond☆ Dame) verzog sich.

f) Sie fingen _____ (den entlaufen☆ Hamster) wieder ein.

g) Er half _____ (dem arm☆ Mann).

h) Selbst ganz oben hörte man _____ (die laut☆ Kinder).

i) Sie öffneten _____ (die verschlossen☆ Tür).

j) Er brachte _____ (den kaputt☆ Fernseher) zur Reparatur.

k) Die Augen _____ (des enttäuscht☆ Kindes) füllten sich mit Tränen.

l) Er öffnete _____ (der hübsch☆ Dame) die Tür.

★★★ | 👤 👥 👪

7. Ergänze die Wortgruppen in der grammatisch passenden Form. Achte dabei auf den bestimmten Artikel und die Adjektivendungen.

a) Sie schenkte _____ (das kleine Kind) einen Lutscher.

b) Ich glaube, _____ (der alte Mann) habe ich gestern schon hier gesehen.

c) Das Kleid _____ (die junge Frau) sieht gut aus.

d) Der Akku _____ (der neue Computer) ist schon kaputt.

5 Nomen mit unbestimmtem Artikel und Adjektiv

★ | 👤 👥 👥👥

1. Ordne die Wortgruppen, die aus einem Nomen mit einem unbestimmten Artikel und einem Adjektiv bestehen, den grammatisch passenden Sätzen zu.

---

eines lieben Tieres ◆ einer lieben Katze ◆ einen lieben Hund ◆ einem lieben Tier ◆
eine liebe Katze ◆ ein lieber Hund ◆ ein liebes Tier ◆ einer lieben Katze ◆
eines lieben Hundes ◆ ein liebes Tier ◆ eine liebe Katze ◆ einem lieben Hund

---

Lerntheke 2

Fall	Singular (Einzahl) männlich von Hund
Nominativ: Wer oder was?	Sieh mal, _____ kommt immer herbei!
Genitiv: Wessen?	Das Fell _____ bürstet man gerne.
Dativ: Wem?	Ich gebe _____ gerne Futter.
Akkusativ: Wen oder was?	Jeder hat gerne _____ .

Fall	Singular (Einzahl) weiblich von Katze
Nominativ: Wer oder was?	Höre, wie _____ schnurrt!
Genitiv: Wessen?	Das Schnurren _____ ist angenehm.
Dativ: Wem?	Er gibt _____ gerne Milch.
Akkusativ: Wen oder was?	Sie streichelt gerne _____ .

Fall	Singular (Einzahl) sächlich von Tier
Nominativ: Wer oder was?	Sieh mal, _____ kommt sofort herbei!
Genitiv: Wessen?	Die Augen _____ sehen dich treu an.
Dativ: Wem?	Er gibt _____ gerne Essensreste.
Akkusativ: Wen oder was?	Sie streicheln gerne _____ .

Cornelsen Deklinieren
Autorin: Birgit Lascho · Lerntheke DaZ 5/6 · Grammatik

KV 5
Seite 1 von 3

★ | 👤 👥 👥👥

2. Markiere dir die Adjektivendungen in den Tabellen aus Aufgabe 1.

★★ | 👤 👥 👥👥

3. Ergänze die in Klammern stehenden Wortgruppen mit der grammatisch passenden Endung anstelle des 🔒.

a) Da kommt _____ (ein schwarz🔒 Hund).

b) Auf dem Fell _____ (eines schwarz🔒 Hundes)
   sieht man den Schmutz kaum.

c) Sie hat _____ (einem schwarz🔒 Hund) Wurstreste
   gegeben.

d) Im Wald haben wir _____ (einen schwarz🔒 Hund)
   gesehen.

e) Dort sitzt _____ (eine schwarz🔒 Katze).

f) Das Fell _____ (einer schwarz🔒 Katze) zieht die
   Sonne an.

g) Wir haben _____ (einer schwarz🔒 Katze) Milch
   gegeben.

h) Im Garten hat sie _____ (eine schwarz🔒 Katze) gesehen.

i) Auf dem Baum sitzt _____ (ein schwarz🔒 Tier).

j) Auf dem Fell _____ (eines schwarz🔒 Tieres) ist
   Ungeziefer schwer zu sehen.

k) Er hat _____ (einem schwarz🔒 Tier) Milch gegeben.

l) Sie hat auf dem Zaun _____ (ein schwarz🔒 Tier) gesehen.

★★ | 👤 👥 👥👥

4. Ergänze bei den Sätzen das Adjektiv „treu" mit der grammatisch passenden Endung.

a) Jeder Mensch hat gerne ein _____ Tier.

b) Den Blicken eines _____ Hundes kann man schwer widerstehen.

c) Futter gibt man einer _____ Katze stets gerne.

d) Ein Tierhalter kann einem _____ Tier immer verzeihen.

e) Jeder wünscht sich eine _____ Katze.

f) Jeder streichelt einen _____ Hund gerne.

Lerntheke 2

Cornelsen Deklinieren
Autorin: Birgit Lascho · Lerntheke DaZ 5/6 · Grammatik

KV 5
Seite 2 von 3

★★★ | 👤 👥 👥👥

5. Ergänze bei den Sätzen die in Klammern stehende Wortgruppe mit der grammatisch passenden Endung anstelle des ☆.

a) Auf der Bank saß _____ (eine alt☆ Frau).

b) Der Benzinverbrauch _____ (eines groß☆ Autos) ist oft höher.

c) Er hat _____ (einem klein☆ Kind) einen Luftballon geschenkt.

d) Dort habe ich _____ (einen fröhlich☆ Jungen) gesehen.

e) Sie hat sich _____ (ein neu☆ Fahrrad) gekauft.

f) Das Geschrei _____ (eines klein☆ Kindes) ist oft laut.

g) Der Mann hatte _____ (einen grün☆ Pullover) an.

h) Sie hat _____ (eine wertvoll☆ Uhr) geschenkt bekommen.

i) Er hat noch schnell _____ (einem alt☆ Mann) geholfen.

j) Die Haare _____ (einer alt☆ Frau) sind oft grau.

★★★ | 👥 👥👥

6. Suche dir einen oder mehrere Partner und geht folgendermaßen vor:
1) Ergänzt die fehlenden Adjektivendungen.
2) Schneidet die Kärtchen aus.
3) Mischt die Kärtchen und legt sie verdeckt auf einen Stapel.
4) Spielt nun das Spiel „Wen oder was packe ich in den Koffer?" laut Anleitung.

„Wen oder was packe ich in den Koffer?"
Der erste Spieler deckt eine Karte auf, liest sich durch, was darauf steht, und ergänzt dann das Wort in dem Satz „Ich packe ... in den Koffer". Danach muss die Karte wieder umgedreht werden und wird zur Seite gelegt. Dann kommt der nächste Spieler an die Reihe und zieht die nächste Karte. Zuerst wiederholt er, was der Spieler vor ihm in seinen Koffer gepackt hat, ehe er den neu gezogenen Gegenstand ergänzt und die Karte wieder umdreht. So geht das Spiel immer weiter, bis einer der Spieler einen Gegenstand in der Aufzählung vergisst oder eine Adjektivendung falsch benennt und ausscheidet. Gewonnen hat am Schluss derjenige, der sich die Aufzählung der Dinge am besten merken und die Adjektivendungen richtig bilden kann.

eine kurz____ Hose	einen rot____ Pullover	eine grün____ Jacke
ein hellblau____ T-Shirt	eine schwarz____ Hose	ein weiß____ Hemd
einen gelb____ Regenmantel	eine braun____ Sonnenkappe	eine schick____ Sonnenbrille
eine golden____ Kette	einen silbern____ Ring	ein spannend____ Buch

Lerntheke 2

6 Nomen mit Demonstrativpronomen und Adjektiv

★ | 👤 👥 👥👥

1. Nach dem Demonstrativpronomen „dieser, diese, dieses" wird das Adjektiv genauso dekliniert wie beim bestimmten Artikel „der, die, das". Das bedeutet, bei allen Nominativformen im Singular und beim weiblichen und sächlichen Akkusativ wird „-e" angehängt und ansonsten überall „-en". Ordne die Wortgruppen entsprechend zu.

> diesen lieben Tieren ♦ dieser lieben Katze ♦ dieses lieben Hundes ♦
> dieses liebe Tier ♦ diesen lieben Hund ♦ diese lieben Tiere ♦ diese liebe Katze ♦
> diesem lieben Tier ♦ dieser liebe Hund ♦ diese lieben Tiere ♦ diesem lieben Hund ♦
> dieses lieben Tieres ♦ diese liebe Katze ♦ dieser lieben Tiere ♦ dieses liebe Tier ♦
> dieser lieben Katze

Fall	Singular (Einzahl) männlich von Hund
Nominativ: Wer oder was?	Sieh mal, _____ kommt!
Genitiv: Wessen?	Die Nase _____ schnuppert.
Dativ: Wem?	Er gibt _____ Futter.
Akkusativ: Wen oder was?	Sie mag _____ .

Fall	Singular (Einzahl) weiblich von Katze
Nominativ: Wer oder was?	Hör mal, wie _____ miaut!
Genitiv: Wessen?	Die Ohren _____ stehen hoch.
Dativ: Wem?	Sie gibt _____ Milch.
Akkusativ: Wen oder was?	Er streichelt _____ .

Fall	Singular (Einzahl) sächlich von Tier
Nominativ: Wer oder was?	Sieh mal, _____ nähert sich!
Genitiv: Wessen?	Die Augen _____ sehen dich an.
Dativ: Wem?	Er gibt _____ Wasser.
Akkusativ: Wen oder was?	Sie streicheln _____ .

Lerntheke 2

Deklinieren
Autorin: Birgit Lascho · Lerntheke DaZ 5/6 · Grammatik

KV 6
Seite 1 von 3

Fall	Plural (Mehrzahl) sächlich von *Tiere*
Nominativ: Wer oder was?	Hör mal, wie \underline{\hspace{4cm}} zwitschern!
Genitiv: Wessen?	Das Fell \underline{\hspace{4cm}} glänzt.
Dativ: Wem?	Sie gibt \underline{\hspace{4cm}} Futter.
Akkusativ: Wen oder was?	Er streichelt \underline{\hspace{4cm}} .

★ | 👤 👥 👥👥

2. Markiere dir die Adjektivendungen.

★★ | 👤 👥 👥👥

3. Ersetze bei den Sätzen aus Aufgabe 1 das Adjektiv „lieb" durch das Adjektiv „schwarz" in der passenden Form und schreibe die Sätze so auf.

\underline{\hspace{12cm}}

\underline{\hspace{12cm}}

\underline{\hspace{12cm}}

\underline{\hspace{12cm}}

\underline{\hspace{12cm}}

\underline{\hspace{12cm}}

\underline{\hspace{12cm}}

\underline{\hspace{12cm}}

\underline{\hspace{12cm}}

\underline{\hspace{12cm}}

\underline{\hspace{12cm}}

\underline{\hspace{12cm}}

\underline{\hspace{12cm}}

\underline{\hspace{12cm}}

\underline{\hspace{12cm}}

\underline{\hspace{12cm}}

\underline{\hspace{12cm}}

Lerntheke 2

★★ | 👤 👥 👥👥

4. Ergänze bei den Sätzen das Adjektiv „treu" in der passenden grammatischen Form.

a) Ich muss dieser _____ Katze unbedingt Futter geben.

b) Dieses _____ Tier muss ich unbedingt suchen.

c) Den Blicken dieses _____ Hundes kann ich nicht widerstehen.

d) Diese _____ Katze wird schon wiederkommen.

e) Das Fell dieser _____ Tiere ist wunderschön.

f) Dieser _____ Hund hat die ganze Zeit vor der Haustür gesessen.

★★★ | 👤 👥 👥👥

5. Ergänze bei den Sätzen die in Klammern stehende Wortgruppe mit der grammatisch passenden Endung anstelle des ☆.

a) Die Mutter _____ (dieses klein☆ Kindes) ist nicht hier.

b) Wir sollten _____ (dieses kaputt☆ Türschloss)

austauschen.

c) Die Beine _____ (dieses alt☆ Tisches) wackeln.

d) Lass uns _____ (diese neu☆ Packung) Eis öffnen.

e) Die Abfahrt _____ (dieses verspätet☆ Zuges)

verzögert sich weiter.

f) Wir können _____ (dieses rot☆ Geschenkband)

nehmen.

g) Wo soll ich _____ (diese schwer☆ Pakete) hinlegen?

h) Du kannst _____ (diese dreckig☆ Wäsche) in den

Wäschekorb werfen.

i) Nein, _____ (diesen hässlich☆ Pullover) kaufe

ich dir nicht!

j) Mir gehört _____ (dieser groß☆ Rucksack) nicht.

7   Abschlusstest
Deklinieren: Was hast du dazugelernt?

1. Ergänze den bestimmten Artikel „der, die, das" in der grammatisch passenden Form.

   a) Sie schenkte _____ Mann _____ Saft ein.   c) Er rief _____ Freund _____ Mannes an.

   b) Er gab _____ Frau _____ Geld _____ Kindes.   d) Sie stieg auf _____ Pferd.

2. Ergänze den unbestimmten Artikel „ein, eine, ein" in der grammatisch passenden Form.

   a) Im Park habe ich _____ Mann, _____ Frau und _____ Kind getroffen.

   b) Hier stehen die Schuhe _____ Mannes, _____ Frau und _____ Kindes.

   c) Das wird sicher _____ Katze und _____ Hund gefallen.

3. Ergänze das Demonstrativpronomen „dieser, diese, dieses" in der grammatisch passenden Form.

   a) Ich habe _____ Mann, _____ Frau und _____ Kind noch nie gesehen.

   b) Das Lachen _____ Herrn, _____ Dame und _____ Kindes ist laut.

   c) Du kannst _____ Mann und _____ Frau nicht vertrauen.

4. Trage den bestimmten Artikel und das Adjektiv in der grammatisch passenden Form ein.

   a) Ich habe _____ _____ (der kaputte) Stuhl repariert.

   b) Die Krallen _____ _____ (die wütende) Katze verletzten ihn an der Hand.

   c) Er hat _____ _____ (der alte) Mann gerne geholfen.

   d) Ich höre schon wieder _____ _____ (das kleine) Kind von nebenan weinen.

5. Trage den unbestimmten Artikel und das Adjektiv in der grammatisch passenden Form ein.

   a) Mit _____ _____ (ein schöner) Luftballon kann man _____ _____

   (ein kleines) Kind auf jeden Fall _____ _____ (eine große) Freude machen.

   b) Er kam mit _____ _____ (ein neues) Fahrrad und sie hatte _____

   _____ (ein alter) Roller mit _____ _____ (eine laute) Hupe.

6. Trage das Demonstrativpronomen „dieser, diese, dieses" und das Adjektiv in der grammatisch passenden Form ein.

   a) Gestern habe ich _____ _____ (diese alte) Frau auch schon hier gesehen.

   b) Das Bellen _____ _____ (dieser graue) Hundes ist unerträglich laut.

   c) Sie hat _____ _____ (dieses kleine) Kind Schokolade gegeben.

   d) Sieh mal, wie _____ _____ (dieses weiße) Pferd dort wiehert!

Lerntheke 2

Cornelsen

Deklinieren
Autorin: Birgit Lascho · Lerntheke DaZ 5/6 · Grammatik

Name: _____ Datum: _____

★★|⚊ ⚊⚊ ⚊⚊⚊

3. Ergänze den bestimmten Artikel „der, die, das" in der richtigen Form.

Singular (Einzahl)

Fall/Geschlecht	männlich	weiblich	sächlich
Nominativ: Wer oder was?	der Mann	die Frau	das Kind
Genitiv: Wessen?	des Mannes	der Frau	des Kindes
Dativ: Wem?	dem Mann	der Frau	dem Kind
Akkusativ: Wen oder was?	den Mann	die Frau	das Kind

Plural (Mehrzahl)

Fall/Geschlecht	männlich	weiblich	sächlich
Nominativ: Wer oder was?	die Männer	die Frauen	die Kinder
Genitiv: Wessen?	der Männer	der Frauen	der Kinder
Dativ: Wem?	den Männern	den Frauen	den Kindern
Akkusativ: Wen oder was?	die Männer	die Frauen	die Kinder

★★|⚊ ⚊⚊ ⚊⚊⚊

4. Welche Wortgruppe passt grammatisch in welchen Satz? Ordne zu und notiere die Wortgruppen aus dem Kasten jeweils in der richtigen Lücke.

den Fuchs ◆ der Fuchs ◆ dem Fuchs ◆ des Fuchses

Dort läuft der Fuchs . (Wer oder was?)

Die Ohren des Fuchses stehen hoch. (Wessen?)

Sie hat dem Fuchs Futter hingestellt. (Wem?)

Ich sehe den Fuchs dort. (Wen oder was?)

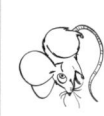

der Maus ◆ die Maus ◆ der Maus ◆ die Maus

Sofort flüchtet die Maus vor der Katze. (Wer oder was?)

Das Fell der Maus ist grau. (Wessen?)

Wir stellen der Maus Futter hin. (Wem?)

Die Katze wartet auf die Maus . (Wen oder was?)

Name: _____ Datum: _____

1 Nomen mit bestimmtem Artikel

★|⚊ ⚊⚊

1. Unterstreiche die verschiedenen Formen des Artikels „der, die, das".

Singular (Einzahl)

Fall/Geschlecht	männlich	weiblich	sächlich
Nominativ: Wer oder was?	der Hund	die Katze	das Tier
Genitiv: Wessen?	des Hundes	der Katze	des Tieres
Dativ: Wem?	dem Hund	der Katze	dem Tier
Akkusativ: Wen oder was?	den Hund	die Katze	das Tier

Plural (Mehrzahl)

Fall/Geschlecht	männlich	weiblich	sächlich
Nominativ: Wer oder was?	die Hunde	die Katzen	die Tiere
Genitiv: Wessen?	der Hunde	der Katzen	der Tiere
Dativ: Wem?	den Hunden	den Katzen	den Tieren
Akkusativ: Wen oder was?	die Hunde	die Katzen	die Tiere

★★|⚊ ⚊⚊

2. Sieh dir die einzelnen Formen des bestimmten Artikels „der, die, das" im Plural im unteren Kasten an. Was fällt dir beim Vergleich der Formen in den einzelnen Fällen für die verschiedenen Geschlechter auf? Kreuze entsprechend an.

☐ Die Formen des bestimmten Artikels im Plural sind bei allen drei Geschlechtern unterschiedlich.

☒ Die Formen des bestimmten Artikels im Plural sind bei allen drei Geschlechtern gleich.

Name: Datum:

Oberer Teil (KV 1)

dem Pferd ♦ das Pferd ♦ das Pferd ♦ des Pferdes

Im Stall wartet __das Pferd__ auf dich. (Wer oder was?)

Die Augen __des Pferdes__ sind braun. (Wessen?)

Sie reitet auf __dem Pferd__ . (Wem?)

Er hört __das Pferd__ wiehern. (Wen oder was?)

den Mäusen ♦ die Mäuse ♦ die Mäuse ♦ der Mäuse

Die Katze beobachtet __die Mäuse__ . (Wen oder was?)

Sie stellen __den Mäusen__ Futter hin. (Wem?)

Er hört das Rascheln __der Mäuse__ . (Wessen?)

Sofort rennen __die Mäuse__ weg. (Wer oder was?)

5. Überlege, wie die grammatisch passende Form des bestimmten Artikels „der, die, das" lauten muss, und ergänze ihn mit dem angegebenen Nomen in der entsprechenden Lücke.

★ | ♣ | ♣♣ | ♣♣♣

a) Sie deckt __den Tisch__ (der Tisch). (Wen oder was?)

b) Er gibt __der Blume__ Wasser. (Wem?)

c) Der Henkel __der Tasse__ (die Tasse) ist abgebrochen. (Wessen?)

d) Julia fragt __den Verkäufer__ (der Verkäufer). (Wen oder was?)

e) Schnell macht sich __der Junge__ (der Junge) auf den Weg. (Wer oder was?)

f) Sie putzt __den Boden__ (der Boden). (Wen oder was?)

g) Der Kontrolleur gibt __der Frau__ (die Frau) den Fahrschein zurück. (Wem?)

6. Ergänze bei den Sätzen Nomen und Artikel in der grammatisch passenden Form.

★ | ♣ | ♣♣ | ♣♣♣

a) Die Augen __des Kindes__ (das Kind) waren blau.

b) Sie bringt __den Brief__ (der Brief) zum Briefkasten.

c) Sie gibt __der Katze__ (die Katze) Futter.

d) Das Bellen __des Hundes__ (der Hund) war überall zu hören.

e) Das Fell __der Katze__ (die Katze) war voller Dreck.

f) Sie schenkt __dem Kind__ (das Kind) eine Tafel Schokolade.

g) Leider hat __der Zug__ (der Zug) eine Stunde Verspätung.

Lösungen – Lerntheke 2

Unterer Teil (KV 2)

Name: Datum:

2 Nomen mit unbestimmtem Artikel

1. Unterstreiche die verschiedenen Formen des unbestimmten Artikels „ein, eine, ein".

★ | ♣ | ♣♣

Singular (Einzahl)

Fall/Geschlecht	männlich	weiblich	sächlich
Nominativ: Wer oder was?	ein Hund	eine Katze	ein Tier
Genitiv: Wessen?	eines Hundes	einer Katze	eines Tieres
Dativ: Wem?	einem Hund	einer Katze	einem Tier
Akkusativ: Wen oder was?	einen Hund	eine Katze	ein Tier

2. Ergänze den unbestimmten Artikel „ein, eine, ein" in der richtigen Form.

★ | ♣ | ♣♣ | ♣♣♣

Singular (Einzahl)

Fall/Geschlecht	männlich	weiblich	sächlich
Nominativ: Wer oder was?	ein Mann	eine Frau	ein Kind
Genitiv: Wessen?	eines Mannes	einer Frau	eines Kindes
Dativ: Wem?	einem Mann	einer Frau	einem Kind
Akkusativ: Wen oder was?	einen Mann	eine Frau	ein Kind

3. Welche Wortgruppe passt grammatisch in welchen Satz? Ordne zu und notiere die Wortgruppen aus dem Kasten jeweils in der richtigen Lücke.

★ | ♣ | ♣♣ | ♣♣♣

einem Hasen ♦ ein Hase ♦ einen Hasen ♦ eines Hasen

Ich möchte gern __einen Hasen__ haben. (Wen oder was?)

Salat kann man __einem Hasen__ auf jeden Fall zu fressen geben. (Wem?)

Die Ohren __eines Hasen__ sind lang. (Wessen?)

Dort sitzt __ein Hase__ . (Wer oder was?)

Lösungen – Lerntheke 2

3 Nomen mit Demonstrativpronomen

★ | ★★

1. Unterstreiche die verschiedenen Formen des Demonstrativpronomens „dieser, diese, dieses".

Singular (Einzahl)

Fall/Geschlecht	männlich	weiblich	sächlich
Nominativ: Wer oder was?	dieser Hund	diese Katze	dieses Tier
Genitiv: Wessen?	dieses Hundes	dieser Katze	dieses Tieres
Dativ: Wem?	diesem Hund	dieser Katze	diesem Tier
Akkusativ: Wen oder was?	diesen Hund	diese Katze	dieses Tier

Plural (Mehrzahl)

Fall/Geschlecht	männlich	weiblich	sächlich
Nominativ: Wer oder was?	diese Hunde	diese Katzen	diese Tiere
Genitiv: Wessen?	dieser Hunde	dieser Katzen	dieser Tiere
Dativ: Wem?	diesen Hunden	diesen Katzen	diesen Tieren
Akkusativ: Wen oder was?	diese Hunde	diese Katzen	diese Tiere

★★ | ★★

2. Sieh dir die einzelnen Formen des bestimmten Artikels „der, die, das", „dieser, diese, diese, dieses" im Plural im unteren Kasten an. Was fällt dir beim Vergleich der Formen in den einzelnen Fällen für die verschiedenen Geschlechter auf? Kreuze entsprechend an.

☐ Die Formen im Plural sind bei allen drei Geschlechtern unterschiedlich.
☒ Die Formen im Plural sind bei allen drei Geschlechtern gleich.

---

einer Taube ◆ eine Taube ◆ eine Taube ◆ einer Taube

Über uns fliegt eine Taube. (Wer oder was?)

Das Gefieder einer Taube ist oft grau mit schwarzen und weißen Federn. (Wessen?)

Altes Brot kann man einer Taube auf jeden Fall zu fressen geben. (Wem?)

Ich höre eine Taube gurren*. (Wen oder was?) *Laute von sich geben

einem Eichhörnchen ◆ ein Eichhörnchen ◆ ein Eichhörnchen ◆ eines Eichhörnchens

Da läuft ein Eichhörnchen. (Wer oder was?)

Das Fell eines Eichhörnchens ist rotbraun. (Wessen?)

Nüsse schmecken einem Eichhörnchen auf jeden Fall. (Wem?)

Auf dem Baum sehe ich ein Eichhörnchen. (Wen oder was?)

★ | ★★ | ★★★

4. Sieh dir das das Geschlecht der Nomen im Kasten an und ergänze dann bei den Sätzen den unbestimmten Artikel „ein, eine, ein" in der grammatisch passenden Form.

männlich: Junge, Elefant ◆ weiblich: Dame, Rutsche ◆ sächlich: Buch, Baby

a) Dort auf der Straße geht ein Junge.

b) Sie schenkt ihm ein Buch.

c) Die Augen eines Babys sind immer blau.

d) Im Park begegnet sie einer Dame.

e) Auf dem Spielplatz gibt es auch eine Rutsche.

f) Das Gebrüll eines Elefanten ist kaum zu überhören.

★★ | ★★ | ★★★

5. Ergänze den unbestimmten Artikel „ein, eine, ein" in der grammatisch passenden Form.

a) Die Haare einer Frau sind oft lang.

b) Mit einem Hund muss man regelmäßig spazieren gehen.

c) Unterwegs ist uns ein Kind begegnet.

d) Hinter dem Baum habe ich einen Hasen gesehen.

Name: Datum:

3. Ergänze das Demonstrativpronomen „dieser, diese, dieses" in der richtigen Form.

Singular (Einzahl)

Fall/Geschlecht	männlich	weiblich	sächlich
Nominativ: Wer oder was?	dieser Mann	diese Frau	dieses Kind
Genitiv: Wessen?	dieses Mannes	dieser Frau	dieses Kindes
Dativ: Wem?	diesem Mann	dieser Frau	diesem Kind
Akkusativ: Wen oder was?	diesen Mann	diese Frau	dieses Kind

Plural (Mehrzahl)

Fall/Geschlecht	männlich	weiblich	sächlich
Nominativ: Wer oder was?	diese Männer	diese Frauen	diese Kinder
Genitiv: Wessen?	dieser Männer	dieser Frauen	dieser Kinder
Dativ: Wem?	diesen Männern	diesen Frauen	diesen Kindern
Akkusativ: Wen oder was?	diese Männer	diese Frauen	diese Kinder

4. Welche Wortgruppe passt grammatisch in welchen Satz? Ordne zu und notiere die Wortgruppen aus dem Kasten jeweils in der richtigen Lücke.

diesen Vogel • diesem Vogel • dieser Vogel • dieses Vogels

dieser Spinne • diese Spinne • diese Spinne • dieser Spinne

Hör mal, dieser Vogel singt wirklich schön! (Wer oder was?)

Die Federn dieses Vogels sind schwarz. (Wessen?)

Das Nest gehört diesem Vogel dort. (Wem?)

Ich habe diesen Vogel schon gestern hier gesehen. (Wen oder was?)

Pfui, diese Spinne sieht eklig aus! (Wer oder was?)

Das Netz dieser Spinne ist schon groß. (Wessen?)

Pass auf, dieser Spinne werden bald Insekten ins Netz gehen! (Wem?)

Pfui, diese Spinne möchte ich nicht anfassen! (Wen oder was?)

Lösungen – Lerntheke 2

Name: Datum:

dieses Kaninchens • dieses Kaninchen • dieses Kaninchens • dieses Kaninchen • diesem Kaninchen

Sieh mal, dieses Kaninchen hat braunes Fell! (Wer oder was?)

Die Augen dieses Kaninchens sind groß. (Wessen?)

Ich werde diesem Kaninchen mehr Futter geben. (Wem?)

Er sieht dieses Kaninchen zum ersten Mal. (Wen oder was?)

diesen Vögeln – diese Vögel – diese Vögel – dieser Vögel

Hör mal, diese Vögel waren gestern schon hier! (Wer oder was?)

Der Gesang dieser Vögel klingt wunderbar. (Wessen?)

Lass uns diesen Vögeln weiter zuhören! (Wem?)

Schade, ich höre diese Vögel nicht mehr singen. (Wen oder was?)

5. Ergänze das Demonstrativpronomen „dieser, diese, dieses" mithilfe der Fragen in der grammatisch passenden Form.

a) Schade, diesem Tier können wir nicht mehr helfen. (Wem?)

b) Ja, diesen Hund kannst du streicheln. (Wen oder was?)

c) Der Hut dieses Mannes sieht witzig aus. (Wessen?)

d) Achtung, diese Katze beobachtet den Vogelkäfig! (Wer oder was?)

e) Das Auto gehört diesen Schwestern. (Wem?)

f) Das Geschrei dieser Kinder ist bis in den Garten zu hören. (Wessen?)

g) Ich glaube, diese Männer suchen etwas. (Wer oder was?)

h) Wir sollten diese Kinder eher ins Bett schicken. (Wen oder was?)

6. Ergänze das Demonstrativpronomen „dieser, diese, dieses" in der grammatisch passenden Form.

a) Das Fell dieser Katze ist weich.

b) Wir haben das Geld diesem Mann gegeben.

c) Also, dieses Tier habe ich noch nie gesehen.

d) Vorsicht, dieser Hund kann beißen!

e) Ich habe diesen Kindern Süßigkeiten geschenkt.

f) Das Bellen dieser Hunde ist oft sehr laut.

Lösungen – Lerntheke 2

Name: _____ Datum: _____

4 Nomen mit bestimmtem Artikel und Adjektiv

Lösungen – Lerntheke 2

★ | ♟ ♟♟ ♟♟♟
1. Ordne die Wortgruppen, die aus einem Nomen mit einem bestimmten Artikel und einem Adjektiv bestehen, den grammatisch passenden Sätzen zu.

den lieben Hund ◆ der liebe Hund ◆ des lieben Hundes ◆ dem lieben Hund

Fall	Singular (Einzahl) männlich
Nominativ: Wer oder was?	Sieh mal, der liebe Hund wedelt mit dem Schwanz!
Genitiv: Wessen?	Der Schwanz des lieben Hundes bewegt sich freudig.
Dativ: Wem?	Er gibt dem lieben Hund Wasser.
Akkusativ: Wen oder was?	Sie streicheln den lieben Hund.

der lieben Katze ◆ die liebe Katze ◆ der lieben Katze ◆ die liebe Katze

Fall	Singular (Einzahl) weiblich
Nominativ: Wer oder was?	Hör mal, wie die liebe Katze schnurrt!
Genitiv: Wessen?	Das Schnurren der lieben Katze ist nicht zu überhören.
Dativ: Wem?	Sie gibt der lieben Katze Futter.
Akkusativ: Wen oder was?	Er streichelt die liebe Katze.

46

Name: _____ Datum: _____

Lösungen – Lerntheke 2

des lieben Tieres ◆ dem lieben Tier ◆ das liebe Tier ◆ das liebe Tier

Fall	Singular (Einzahl) sächlich
Nominativ: Wer oder was?	Sieh mal, das liebe Tier kommt herbei!
Genitiv: Wessen?	Die Augen des lieben Tieres sehen dich bettelnd an.
Dativ: Wem?	Er gibt dem lieben Tier Fleischreste.
Akkusativ: Wen oder was?	Sie streicheln das liebe Tier.

der lieben Tiere ◆ die lieben Tiere ◆ den lieben Tieren ◆ die lieben Tiere

Fall	Plural (Mehrzahl) sächlich
Nominativ: Wer oder was?	Hör mal, wie die lieben Tiere schnurren!
Genitiv: Wessen?	Das Schnurren der lieben Tiere ist nicht zu überhören.
Dativ: Wem?	Sie gibt den lieben Tieren Futter.
Akkusativ: Wen oder was?	Er streichelt die lieben Tiere.

★ | ♟ ♟♟ ♟♟♟
2. Markiere dir die Adjektivendungen in den Tabellen aus Aufgabe 1.

★ | ♟ ♟♟ ♟♟♟
3. Was fällt dir bei allen Adjektivendungen des Plurals in den verschiedenen Fällen auf? Ergänze den Satz entsprechend.
Im Plural haben Adjektive immer die Endung –en .

Name: _____ Datum: _____

4. ★★ | ⚊ ⚊⚊ ⚊⚊⚊ Ersetze bei den Sätzen aus Aufgabe 1 das Adjektiv „lieb" durch das Adjektiv „schwarz" und schreibe die Sätze so auf. Achte dabei auf die korrekten Endungen.

Sieh mal, der schwarze Hund wedelt mit dem Schwanz!
Der Schwanz des schwarzen Hundes bewegt sich freudig.
Er gibt dem schwarzen Hund Wasser.
Sie streichelt den schwarzen Hund.

Hör mal, wie die schwarze Katze schnurrt!
Das Schnurren der schwarzen Katze ist nicht zu überhören.
Sie gibt der schwarzen Katze Futter.
Er streichelt die schwarze Katze.

Sieh mal, das schwarze Tier kommt herbei!
Die Augen des schwarzen Tieres sehen dich bettelnd an.
Er gibt dem schwarzen Tier Fleischreste.
Sie streicheln das schwarze Tier.

Hör mal, wie die schwarzen Tiere schnurren!
Das Schnurren der schwarzen Tiere ist nicht zu überhören.
Sie gibt den schwarzen Tieren Futter.
Er streichelt die schwarzen Tiere.

5. ★★ | ⚊ ⚊⚊ ⚊⚊⚊ Ergänze bei den Sätzen das Adjektiv „treu" in der passenden grammatischen Form.

a) Die Blicke des __treuen__ Hundes erweichten sein Herz.
b) Er stellt der __treuen__ Katze einen Napf mit Milch hin.
c) Schau, das __treue__ Tier ist uns hinterhergelaufen!
d) Nein, den __treuen__ Hund kann ich nicht vergessen.
e) Die Schwänze der __treuen__ Hunde wedelten wie verrückt.
f) Ja, die __treue__ Katze muss man einfach mit Futter belohnen.

Lösungen – Lerntheke 2

Cornelsen
Deklinieren
Autorin: Birgit Loscho · Lerntheke DaZ 5/6 · Grammatik

Name: _____ Datum: _____

6. ★★★ | ⚊ ⚊⚊ ⚊⚊⚊ Ergänze bei den Sätzen die in Klammern stehende Wortgruppe mit der grammatisch passenden Endung anstelle des ☆.

a) Sieh mal, __die kleine Frau__ (die klein☆ Frau) trägt Schuhe mit Absätzen!
b) Sie begrüßte __den freundlichen Mann__ (den freundlich☆ Mann).
c) Er beruhigte __das verängstigte Kind__ (das verängstigt☆ Kind).
d) Ich suche __die volle Dose__ (die voll☆ Dose).
e) Das Gesicht __der blonden Dame__ (der blond☆ Dame) verzog sich.
f) Sie fingen __den entlaufenen Hamster__ (den entlaufen☆ Hamster) wieder ein.
g) Er half __dem armen Mann__ (dem arm☆ Mann).
h) Selbst ganz oben hörte man __die lauten Kinder__ (die laut☆ Kinder).
i) Sie öffneten __die verschlossene Tür__ (die verschlossen☆ Tür).
j) Er brachte __den kaputten Fernseher__ (den kaputt☆ Fernseher) zur Reparatur.
k) Die Augen __des enttäuschten Kindes__ (des enttäusch☆ Kindes) füllten sich mit Tränen.
l) Er öffnete __der hübschen Dame__ (der hübsch☆ Dame) die Tür.

7. ★★★ | ⚊ ⚊⚊ ⚊⚊⚊ Ergänze die Wortgruppen in der grammatisch passenden Form. Achte dabei auf den bestimmten Artikel und die Adjektivendungen.

a) Sie schenkte __dem kleinen Kind__ (das kleine Kind) einen Lutscher.
b) Ich glaube, __den alten Mann__ (der alte Mann) habe ich gestern schon hier gesehen.
c) Das Kleid __der jungen Frau__ (die junge Frau) sieht gut aus.
d) Der Akku __des neuen Computers__ (der neue Computer) ist schon kaputt.

Lösungen – Lerntheke 2

Cornelsen
Deklinieren
Autorin: Birgit Loscho · Lerntheke DaZ 5/6 · Grammatik · Illustrator: Steffen Jähde

Lösungen – Lerntheke 2

★ | ♟ ♟♟ ♟♟♟
2. Markiere dir die Adjektivendungen in den Tabellen aus Aufgabe 1.

★★ | ♟ ♟♟ ♟♟♟
3. Ergänze die in Klammern stehenden Wortgruppen mit der grammatisch passenden Endung anstelle des 🐾.

a) Da kommt **ein schwarzer Hund** (ein schwarz🐾 Hund).

b) Auf dem Fell **eines schwarzen Hundes** (eines schwarz🐾 Hundes) sieht man den Schmutz kaum.

c) Sie hat **einem schwarzen Hund** (einem schwarz🐾 Hund) Wurstreste gegeben.

d) Im Wald haben wir **einen schwarzen Hund** (einen schwarz🐾 Hund) gesehen.

e) Dort sitzt **eine schwarze Katze** (eine schwarz🐾 Katze).

f) Das Fell **einer schwarzen Katze** (einer schwarz🐾 Katze) zieht die Sonne an.

g) Wir haben **einer schwarzen Katze** (einer schwarz🐾 Katze) Milch gegeben.

h) Im Garten hat sie **eine schwarze Katze** (eine schwarz🐾 Katze) gesehen.

i) Auf dem Baum sitzt **ein schwarzes Tier** (ein schwarz🐾 Tier).

j) Auf dem Fell **eines schwarzen Tieres** (eines schwarz🐾 Tieres) ist Ungeziefer schwer zu sehen.

k) Er hat **einem schwarzem Tier** (einem schwarz🐾 Tier) Milch gegeben.

l) Sie hat auf dem Zaun **ein schwarzes Tier** (ein schwarz🐾 Tier) gesehen.

★★ | ♟ ♟♟ ♟♟♟
4. Ergänze bei den Sätzen das Adjektiv „treu" mit der grammatisch passenden Endung.

a) Jeder Mensch hat gerne ein **treues** Tier.

b) Den Blicken eines **treuen** Hundes kann man schwer widerstehen.

c) Futter gibt man einer **treuen** Katze stets gerne.

d) Ein Tierhalter kann einem **treuen** Tier immer verzeihen.

e) Jeder wünscht sich eine **treue** Katze.

f) Jeder streichelt einen **treuen** Hund gerne.

---

5 Nomen mit unbestimmtem Artikel und Adjektiv

★ | ♟ ♟♟ ♟♟♟
1. Ordne die Wortgruppen, die aus einem Nomen mit einem unbestimmten Artikel und einem Adjektiv bestehen, den grammatisch passenden Sätzen zu.

eines lieben Tieres ◆ einer lieben Katze ◆ einen lieben Hund ◆ einem lieben Tier ◆ eine liebe Katze ◆ ein lieber Hund ◆ ein liebes Tier ◆ einer lieben Katze ◆ einem lieben Katze ◆ eines lieben Hundes ◆ ein liebes Tier ◆ eine liebe Katze ◆ einem lieben Hund

Fall	Singular (Einzahl) männlich von Hund
Nominativ: Wer oder was?	Sieh mal, **ein lieber Hund** kommt immer herbei!
Genitiv: Wessen?	Das Fell **eines lieben Hundes** bürstet man gerne.
Dativ: Wem?	Ich gebe **einem lieben Hund** gerne Futter.
Akkusativ: Wen oder was?	Jeder hat gerne **einen lieben Hund**.

Fall	Singular (Einzahl) weiblich von Katze
Nominativ: Wer oder was?	Höre, wie **eine liebe Katze** schnurrt!
Genitiv: Wessen?	Das Schnurren **einer lieben Katze** ist angenehm.
Dativ: Wem?	Er gibt **einer lieben Katze** gerne Milch.
Akkusativ: Wen oder was?	Sie streichelt gerne **eine liebe Katze**.

Fall	Singular (Einzahl) sächlich von Tier
Nominativ: Wer oder was?	Sieh mal, **ein liebes Tier** kommt sofort herbei!
Genitiv: Wessen?	Die Augen **eines lieben Tieres** sehen dich treu an.
Dativ: Wem?	Er gibt **einem lieben Tier** gerne Essensreste.
Akkusativ: Wen oder was?	Sie streicheln gerne **ein liebes Tier**.

Lösungen – Lerntheke 2

Name: **Datum:**

5. ★★ | ♟ ♟♟ ♟♟♟   Ergänze bei den Sätzen die in Klammern stehende Wortgruppe mit der grammatisch passenden Endung anstelle des ☆.

a) Auf der Bank saß __eine alte Frau__ (eine alt☆ Frau).

b) Der Benzinverbrauch __eines großen Autos__ (eines groß☆ Autos) ist oft höher.

c) Er hat __einem kleinen Kind__ (einem klein☆ Kind) einen Luftballon geschenkt.

d) Dort habe ich __einen fröhlichen Jungen__ (einen fröhlich☆ Jungen) gesehen.

e) Sie hat sich __ein neues Fahrrad__ (ein neu☆ Fahrrad) gekauft.

f) Das Geschrei __eines kleinen Kindes__ (eines klein☆ Kindes) ist oft laut.

g) Der Mann hatte __einen grünen Pullover__ (einen grün☆ Pullover) an.

h) Sie hat __eine wertvolle Uhr__ (eine wertvoll☆ Uhr) geschenkt bekommen.

i) Er hat noch schnell __einem alten Mann__ (einem alt☆ Mann) geholfen.

j) Die Haare __einer alten Frau__ (einer alt☆ Frau) sind oft grau.

6. ★★★ | ♟ ♟♟ ♟♟♟   Suche dir einen oder mehrere Partner und geht folgendermaßen vor:

1) Ergänzt die fehlenden Adjektivendungen.

2) Schneidet die Kärtchen aus.

3) Mischt die Kärtchen und legt sie verdeckt auf einen Stapel.

4) Spielt nun das Spiel „Wen oder was packe ich in den Koffer?" laut Anleitung.

„**Wen oder was packe ich in den Koffer?**"
Der erste Spieler deckt eine Karte auf, liest sich durch, was darauf steht, und ergänzt dann das Wort in dem Satz „Ich packe … in den Koffer". Danach muss die Karte wieder umgedreht werden und wird zur Seite gelegt. Dann kommt der nächste Spieler an die Reihe und zieht die nächste Karte. Zuerst wiederholt er, was der Spieler vor ihm in seinen Koffer gepackt hat, ehe er den neu gezogenen Gegenstand ergänzt und die Karte wieder umdreht. So geht das Spiel immer weiter, bis einer der Spieler einen Gegenstand in der Aufzählung vergisst oder eine Adjektivendung falsch benennt und ausscheidet. Gewonnen hat am Schluss derjenige, der sich die Aufzählung der Dinge am besten merken und die Adjektivendungen richtig bilden kann.

eine kurz__e__ Hose	einen rot__en__ Pullover	eine grün__e__ Jacke
ein hellblau__es__ T-Shirt	eine schwarz__e__ Hose	ein weiß__es__ Hemd
einen gelb__en__ Regenmantel	eine braun__e__ Sonnenkappe	eine schick__e__ Sonnenbrille
eine golden__e__ Kette	einen silbern__en__ Ring	ein spannend__es__ Buch

Lösungen – Lerntheke 2

Name: **Datum:**

6 Nomen mit Demonstrativpronomen und Adjektiv

1. ★ | ♟ ♟♟ ♟♟♟   Nach dem Demonstrativpronomen „dieser, diese, dieses" wird das Adjektiv genauso dekliniert wie beim bestimmten Artikel „der, die, das". Das bedeutet, bei allen Nominativformen im Singular und beim weiblichen und sächlichen Akkusativ wird „-e" angehängt und ansonsten überall „-en". Ordne die Wortgruppen entsprechend zu.

diesen lieben Tieren ◆ dieser lieben Katze ◆ dieses lieben Hundes ◆ diese liebe Tier ◆ diesen lieben Hund ◆ diese lieben Tiere ◆ diese liebe Katze ◆ diesem lieben Tier ◆ dieser liebe Hund ◆ diese lieben Tiere ◆ diesem lieben Tiere ◆ dieses liebe Tier ◆ dieser lieben Katze ◆ dieser liebe Tier ◆ dieser liebe Katze

Fall	Singular (Einzahl) männlich von Hund
Nominativ: Wer oder was?	Sieh mal, __dieser liebe Hund__ kommt!
Genitiv: Wessen?	Die Nase __dieses lieben Hundes__ schnuppert.
Dativ: Wem?	Er gibt __diesem lieben Hund__ Futter.
Akkusativ: Wen oder was?	Sie mag __diesen lieben Hund__.

Fall	Singular (Einzahl) weiblich von Katze
Nominativ: Wer oder was?	Hör mal, wie __diese liebe Katze__ miaut!
Genitiv: Wessen?	Die Ohren __dieser lieben Katze__ stehen hoch.
Dativ: Wem?	Sie gibt __dieser lieben Katze__ Milch.
Akkusativ: Wen oder was?	Er streichelt __diese liebe Katze__.

Fall	Singular (Einzahl) sächlich von Tier
Nominativ: Wer oder was?	Sieh mal, __dieses liebe Tier__ nähert sich!
Genitiv: Wessen?	Die Augen __dieses lieben Tieres__ sehen dich an.
Dativ: Wem?	Er gibt __diesem lieben Tier__ Wasser.
Akkusativ: Wen oder was?	Sie streicheln __dieses liebe Tier__.

Lösungen – Lerntheke 2

Name: _____ Datum: _____

Fall	Plural (Mehrzahl) sächlich von *Tiere*
Nominativ: Wer oder was?	Hör mal, wie diese lieben Tiere _____ zwitschern!
Genitiv: Wessen?	Das Fell dieser lieben Tiere _____ glänzt.
Dativ: Wem?	Sie gibt diesen lieben Tieren _____ Futter.
Akkusativ: Wen oder was?	Er streichelt diese lieben Tiere _____ .

2. Markiere dir die Adjektivendungen.

3. Ersetze bei den Sätzen aus Aufgabe 1 das Adjektiv „lieb" durch das Adjektiv „schwarz" in der passenden Form und schreibe die Sätze so auf.

Sieh mal, dieser schwarze Hund kommt!

Die Nase dieses schwarzen Hundes schnuppert.

Er gibt diesem schwarzen Hund Futter.

Sie mag diesen schwarzen Hund.

Sieh mal, wie diese schwarze Katze miaut!

Die Ohren dieser schwarzen Katze stehen hoch.

Sie gibt dieser schwarzen Katze Milch.

Er streichelt diese schwarze Katze.

Sieh mal, dieses schwarze Tier nähert sich!

Die Augen dieses schwarzen Tieres sehen dich an.

Er gibt diesem schwarzen Tier Wasser.

Sie streicheln dieses schwarze Tier.

Hör mal, wie diese schwarzen Tiere zwitschern!

Das Fell dieser schwarzen Tiere glänzt.

Sie gibt diesen schwarzen Tieren Futter.

Er streichelt diese schwarzen Tiere.

Lösungen – Lerntheke 2

Name: _____ Datum: _____

4. Ergänze bei den Sätzen das Adjektiv „treu" in der passenden grammatischen Form.

a) Ich muss dieser **treuen** Katze unbedingt Futter geben.

b) Dieses **treue** Tier muss ich unbedingt suchen.

c) Den Blicken dieses **treuen** Hundes kann ich nicht widerstehen.

d) Diese **treue** Katze wird schon wiederkommen.

e) Das Fell dieser **treuen** Tiere ist wunderschön.

f) Dieser **treue** Hund hat die ganze Zeit vor der Haustür gesessen.

5. Ergänze bei den Sätzen die in Klammern stehende Wortgruppe mit der grammatisch passenden Endung anstelle des ☆.

a) Die Mutter **dieses kleinen Kindes** ist nicht hier. (dieses klein☆ Kindes)

b) Wir sollten **dieses kaputte Türschloss** austauschen. (dieses kaputt☆ Türschloss)

c) Die Beine **dieses alten Tisches** wackeln. (dieses alt☆ Tisches)

d) Lass uns **diese neue Packung** Eis öffnen. (diese neu☆ Packung)

e) Die Abfahrt **dieses verspäteten Zuges** verzögert sich weiter. (dieses verspätet☆ Zuges)

f) Wir können **dieses rote Geschenkband** nehmen. (dieses rot☆ Geschenkband)

g) Wo soll ich **diese schweren Pakete** hinlegen? (diese schwer☆ Pakete)

h) Du kannst **diese dreckige Wäsche** in den Wäschekorb werfen. (diese dreckig☆ Wäsche)

i) Nein, **diesen hässlichen Pullover** kaufe ich dir nicht! (diesen hässlich☆ Pullover)

j) Mir gehört **dieser große Rucksack** nicht. (dieser groß☆ Rucksack)

Lösungen – Lerntheke 2

7 Abschlusstest

Deklinieren: Was hast du dazugelernt?

1. Ergänze den bestimmten Artikel „der, die, das" in der grammatisch passenden Form.

a) Sie schenkte **dem** Mann **den** Saft ein.   c) Er rief **den** Freund **des** Mannes an.

b) Er gab **der** Frau **das** Geld **des** Kindes.   d) Sie stieg auf **das** Pferd.

2. Ergänze den unbestimmten Artikel „ein, eine, ein" in der grammatisch passenden Form.

a) Im Park habe ich **einen** Mann, **eine** _____ Frau und **ein** _____ Kind getroffen.

b) Hier stehen die Schuhe **eines** Mannes, **einer** _____ Frau und **eines** _____ Kindes.

c) Das wird sicher **einer** _____ Katze und **einem** _____ Hund gefallen.

3. Ergänze das Demonstrativpronomen „dieser, diese, dieses" in der grammatisch passenden Form.

a) Ich habe **diesen** Mann, **diese** _____ Frau und **dieses** _____ Kind noch nie gesehen.

b) Das Lachen **dieses** Herrn, **dieser** _____ Dame und **dieses** _____ Kindes ist laut.

c) Du kannst **diesem** Mann und **dieser** _____ Frau nicht vertrauen.

4. Trage den bestimmten Artikel und das Adjektiv in der grammatisch passenden Form ein.

a) Ich habe **den** **kaputten** _____ (der kaputte) Stuhl repariert.

b) Die Krallen **der** **wütenden** _____ (die wütende) Katze verletzten ihn an der Hand.

c) Er hat **dem** **alten** _____ (der alte) Mann gerne geholfen.

d) Ich höre schon wieder **das** **kleine** _____ (das kleine) Kind von nebenan weinen.

5. Trage den unbestimmten Artikel und das Adjektiv in der grammatisch passenden Form ein.

a) Mit **einem** **schönen** _____ (ein schöner) Luftballon kann man **einem** **kleinen** _____ (ein kleines) Kind auf jeden Fall **eine** **große** _____ (eine große) Freude machen.

b) Er kam mit **einem** **neuen** _____ (ein neues) Fahrrad und sie hatte **einen** **alten** _____ (ein alter) Roller mit **einer** **lauten** _____ (eine laute) Hupe.

6. Trage das Demonstrativpronomen „dieser, diese, dieses" und das Adjektiv in der grammatisch passenden Form ein.

a) Gestern habe ich **diese** **alte** _____ (diese alte) Frau euch schon hier gesehen.

b) Das Bellen **dieses** **grauen** _____ (dieser graue) Hundes ist unerträglich laut.

c) Sie hat **diesem** **kleinen** _____ (dieses kleine) Kind Schokolade gegeben.

d) Sieh mal, wie **dieses** **weiße** _____ (dieses weiße) Pferd dort wiehert!

Lösungen – Lerntheke 2

Lerntheke 3
Pronomen richtig verwenden

Der folgenden Übersicht kannst du entnehmen, welche Stationen dir bei dieser Lerntheke angeboten werden. Hake die einzelnen Stationen in der rechten Spalte ab, nachdem du sie bearbeitet hast. So behältst du den Überblick, welche Aufgaben du schon erledigt hast und welche noch nicht.

Führe am Ende den Abschlusstest durch und überprüfe damit selbst, ob du das zuvor Gelernte nun beherrschst.

Übersicht

	Station	Thema	Erledigt?
	1	Personalpronomen richtig gebrauchen	
spielerisch	2	Reflexivpronomen richtig benutzen	
	3	Possessivpronomen richtig verwenden	
	4	Demonstrativpronomen richtig gebrauchen	
	5	Relativpronomen richtig benutzen	
	6	Abschlusstest	

1 Personalpronomen richtig gebrauchen

★ | 👤 👥 👥👥

1. Lies dir die Übersicht über die Personalpronomen durch und kreuze an, was dir bei der dritten Person Singular im Vergleich zu der ersten und zweiten Person Singular auffällt.

Singular

	1. Person	2. Person	3. Person männlich	weiblich	sächlich
Nominativ: Wer oder was?	ich	du	er	sie	es
Genitiv: Wessen?	meiner	deiner	seiner	ihrer	seiner
Dativ: Wem?	mir	dir	ihm	ihr	ihm
Akkusativ: Wen oder was?	mich	dich	ihn	sie	es

Plural

	1. Person	2. Person	3. Person alle drei Geschlechter
Nominativ: Wer oder was?	wir	ihr	sie
Genitiv: Wessen?	unser	euer	ihrer
Dativ: Wem?	uns	euch	ihnen
Akkusativ: Wen oder was?	uns	euch	sie

☐ Bei der dritten Person Singular lauten die Formen des Personalpronomens für alle drei Geschlechter gleich.

☐ Bei der dritten Person Singular wird nach den drei Geschlechtern unterschieden. Hier muss man aufpassen, da die Formen des Personalpronomens für die verschiedenen Geschlechter unterschiedlich lauten.

Lerntheke 3

Name: _____   Datum: _____

★★｜👤 👥 👥👥

2. Ergänze bei den Beispielsätzen mithilfe der Fragen für die einzelnen Fälle die fehlenden Personalpronomen im Singular (Einzahl) und im Plural (Mehrzahl). Dabei kannst du die Übersichtstabellen auf der vorherigen Seite zu Hilfe nehmen.

	1. Person	2. Person
Nominativ: **Wer oder was?**	Ja, _____ komme gleich. Ja, _____ kommen gleich.	Gut, _____ kommst gleich. Gut, _____ beide kommt gleich.
Genitiv: **Wessen?**	Die Leute gedenken _____. Die Leute gedenken _____.	Die Leute gedenken _____. Die Leute gedenken _____.
Dativ: **Wem?**	Gib _____ das Geld! Gib _____ beiden das Geld!	Gut, _____ ist es egal. Gut, _____ beiden ist es egal.
Akkusativ: **Wen oder was?**	Jemand ruft _____. Jemand ruft _____ beide.	Jemand ruft _____. Jemand ruft _____ beide.

	3. Person **männlich/weiblich/sächlich**		
Nominativ: **Wer oder was?**	Sieh mal, _____ / _____ / _____ kommt! Sieh mal, _____ / _____ / _____ kommen!		
Genitiv: **Wessen?**	Die Leute gedenken _____ / _____ / _____. Die Leute gedenken _____ / _____ / _____.		
Dativ: **Wem?**	Die Frau gibt _____ / _____ / _____ die Hand. Die Frau gibt _____ / _____ / _____ die Hand.		
Akkusativ: **Wen oder was?**	Die Frau trifft _____ / _____ / _____ im Hausflur. Die Frau trifft _____ / _____ / _____ im Hausflur.		

★★★｜👤 👥 👥👥

3. Ergänze bei den Sätzen das Personalpronomen in der richtigen Form.

a) Sie braucht den Schlüssel und sagt: „Hallo, _____ will die Tür aufschließen, kannst _____ _____ bitte den Schlüssel geben?"

b) Sie sagen zu den beiden, mit denen sie zusammen ins Kino wollen: „Mensch, beeilt _____, damit _____ noch vor Beginn der Vorstellung am Kino sind und man _____ noch hineinlässt."

Pronomen richtig verwenden
Autorin: Birgit Lascho · Lerntheke DaZ 5/6 · Grammatik

Lerntheke 3

Name: _____   Datum: _____

★★★ | 👤 👥 👥👥

4. Ersetze bei den folgenden Sätzen das unterstrichene Nomen durch ein Personalpronomen und schreibe die Sätze damit auf.

a) <u>Die Frau</u> schenkt <u>dem Kind</u> eine Tafel Schokolade.

_____

b) <u>Der Mann</u> streichelt <u>den Hund</u> und <u>das Kaninchen</u>.

_____

c) <u>Das Kind</u> ruft nach <u>der Mutter</u> und <u>dem Vater</u>.

_____

d) <u>Die Jungen</u> schreiben <u>dem Mann</u> einen Zettel.

_____

e) <u>Die beiden Freundinnen</u> gratulieren <u>Antonia</u> zum Geburtstag.

_____

f) <u>Selina</u> fährt mit <u>ihren Eltern</u> in die Stadt.

_____

g) <u>Tom</u> gibt <u>den Schlüssel</u> <u>seiner Schwester</u>.

_____

h) <u>Das Kätzchen</u> springt <u>Nikolas</u> auf den Schoß.

_____

Lerntheke 3

Cornelsen Pronomen richtig verwenden
Autorin: Birgit Lascho · Lerntheke DaZ 5/6 · Grammatik · Illustrator: Steffen Jähde

KV 1
Seite 3 von 3

2 Reflexivpronomen richtig benutzen

★| 👤 👥 👥👥

1. Lies dir die Formen der Reflexivpronomen in der Übersichtstabelle durch und ergänze die Formen in den Beispielsätzen. Die angegebenen Personalpronomen „ich, du, er, sie, es, wir, ihr, sie" helfen dir dabei.

Dativ: Wem?		Akkusativ: Wen oder was?	
Singular	**Plural**	**Singular**	**Plural**
ich ⟶ mir	wir ⟶ uns	ich ⟶ mich	wir ⟶ uns
du ⟶ dir	ihr ⟶ euch	du ⟶ dich	ihr ⟶ euch
er ⟶ sich sie ⟶ sich es ⟶ sich	sie ⟶ sich	er ⟶ sich sie ⟶ sich es ⟶ sich	sie ⟶ sich

Dativ: Wem?	Akkusativ: Wen oder was?
Ich binde _____ die Schuhe zu.	Ich wasche _____.
Du bindest _____ die Schuhe zu.	Du wäschst _____.
Er bindet _____ die Schuhe zu.	Er wäscht _____.
Sie bindet _____ die Schuhe zu.	Sie wäscht _____.
Es bindet _____ die Schuhe zu.	Es wäscht _____.
Wir binden _____ die Schuhe zu.	Wir waschen _____.
Ihr bindet _____ die Schuhe zu.	Ihr wascht _____.
Sie binden _____ die Schuhe zu.	Sie waschen _____.

★★| 👤 👥 👥👥

2. Ergänze bei den Sätzen die grammatisch passenden Reflexivpronomen. Die Fragen helfen dir dabei.

a) Er hat _____ geduscht. (Wen oder was hat er geduscht?)

b) Du hast _____ eine Kette umgehängt. (Wem hast du eine Kette umgehängt?)

c) Wir kämmen _____. (Wen oder was kämmen wir?)

d) Ich habe _____ den Fuß verletzt. (Wem habe ich den Fuß verletzt?)

e) Ihr habt _____ damit selbst geschadet. (Wem habt ihr damit geschadet?)

f) Sie hat _____ eingecremt. (Wen oder was hat sie eingecremt?)

Lerntheke 3

★★★ | ⬤ ⬤⬤ ⬤⬤⬤

3. Ergänze die fehlenden Reflexivpronomen in der grammatisch passenden Form.

a) Sie haben _____ sehr darüber geärgert.

b) Du bürstest _____ am besten noch deine Haare.

c) Ich habe _____ selbst gemalt.

d) Er weigert _____, sein Zimmer aufzuräumen.

e) Wir ziehen _____ noch schnell um.

f) Ihr habt _____ damit selbst im Weg gestanden.

★★★ | ⬤⬤ ⬤⬤⬤

4. Findet euch zu zweit oder zu dritt zusammen. Schneidet die Kärtchen mit den Reflexivpronomen und die Kärtchen mit den Sätzen aus und spielt das Spiel „Wer hat Glück und findet, was zusammenpasst?" entsprechend der Anleitung.

> **„Wer hat Glück und findet, was zusammenpasst?"**
> Legt die beiden Kartensets jeweils verdeckt in voneinander getrennten Haufen auf den Tisch. Mischt jeweils die Kartensets. Vom Stapel mit den Reflexivpronomen wird nun die erste Karte aufgedeckt. Das Spiel beginnt! Der erste Spieler deckt eine Karte vom Stapel mit den Sätzen auf. Passt der Satz zum aufgedeckten Reflexivpronomen, darf der Spieler die Karte mit dem Satz behalten und eine neue Karte mit einem Reflexivpronomen aufdecken. Andernfalls wird die aufgedeckte Karte mit dem Satz wieder verdeckt unter den Stapel gelegt und die Karte mit dem Reflexivpronomen bleibt für drei Durchgänge liegen, bevor die nächste Karte mit Reflexivpronomen aufgedeckt wird. Dann kann der nächste Mitspieler sein Glück versuchen und so weiter. Es wird so lange gespielt, bis alle Karten mit Sätzen weg sind. Sieger ist, wer am Ende die meisten Karten mit Sätzen hat. Wer ein falsches Paar benennt, muss zur Strafe eine bereits gewonnene Karte wieder abgeben.

mir	dir	sich	uns	euch	mich	dich

Ich habe ☆☆☆ vorgenommen, die Hausaufgaben zu machen.	Du hast ☆☆☆ selbst damit geschadet.	Er hat ☆☆☆ an seinem Knie wehgetan.	Wir haben ☆☆☆ ein neues Auto gekauft.
Ihr habt ☆☆☆ schon alleine die Jacken angezogen.	Ich habe ☆☆☆ selbst geduscht.	Du hast ☆☆☆ die eigenen Zähne noch nicht geputzt.	Er hat ☆☆☆ an neulich erinnert, als wir auf dem Spielplatz waren.
Wir haben ☆☆☆ im Wald verlaufen.	Ihr habt ☆☆☆ mit dem Handy selbst fotografiert.	Sie haben ☆☆☆ gestern verlobt.	Sie haben ☆☆☆ einen Wellness-urlaub gegönnt.

Lerntheke 3

3 Possessivpronomen richtig verwenden

★ | 🧍 🧑‍🤝‍🧑 👥

1. Ergänze mithilfe der Übersichtstabelle die passenden Possessivpronomen.

Person	Singular Personal-pronomen	→	Possessiv-pronomen	Plural Personal-pronomen	→	Possessiv-pronomen
1. Person	ich	→	mein	wir	→	unser
2. Person	du	→	dein	ihr	→	euer
3. Person	er	→	sein	sie	→	ihr
	sie	→	ihr			
	es	→	sein			

Ich habe einen Apfel gekauft. Das ist _____ Apfel.

Du hast einen Apfel gekauft. Das ist _____ Apfel.

Er hat einen Apfel gekauft. Das ist _____ Apfel.

Sie hat einen Apfel gekauft. Das ist _____ Apfel.

Es hat einen Apfel gekauft. Das ist _____ Apfel.

Wir haben einen Apfel gekauft. Das ist _____ Apfel.

Ihr habt einen Apfel gekauft. Das ist _____ Apfel.

Sie haben einen Apfel gekauft. Das ist _____ Apfel.

★ | 🧍 🧑‍🤝‍🧑 👥

2. Possessivpronomen hängen wie Artikel von einem Nomen ab. Deshalb erhalten sie eine bestimmte Endung. Lies dir die Deklinationsübersicht für die Possessivpronomen durch und vergleiche die Deklination dann mit der Deklination des Artikels. Kreuze an, was dir auffällt.

Singular

Fall	Formen in allen Geschlechtern
Nominativ: Wer oder was?	mein/dein/sein/ihr/sein/unser/euer/ihr Hund meine/deine/seine/ihre/seine/unsere/eure/ihre Katze mein/dein/sein/ihr/sein/unser/euer/ihr Tier
Genitiv: Wessen?	meines/deines/seines/ihres/seines/unseres/eures/ihres Hundes meiner/deiner/seiner/ihrer/seiner/unserer/eurer/ihrer Katze meines/deines/seines/ihres/seines/unseres/eures/ihres Tieres
Dativ: Wem?	meinem/deinem/seinem/ihrem/seinem/unserem/eurem/ihrem Hund meiner/deiner/seiner/ihrer/seiner/unserer/eurer/ihrer Katze meinem/deinem/seinem/ihrem/seinem/unserem/eurem/ihrem Tier

Pronomen richtig verwenden
Autorin: Birgit Lascho · Lerntheke DaZ 5/6 · Grammatik · Illustrator: Steffen Jähde

KV 3
Seite 1 von 2

Lerntheke 3

Fall	Formen in allen Geschlechtern
Akkusativ: **Wen oder was?**	meinen/deinen/seinen/ihren/seinen/unseren/euren/ihren Hund meine/deine/seine/ihre/seine/unsere/eure/ihre Katze mein/dein/sein/ihr/sein/unser/euer/ihr Tier

Plural

Fall	Formen in allen Geschlechtern
Nominativ: **Wer oder was?**	meine/deine/seine/ihre/seine/unsere/eure/ihre Hunde/Katzen/Tiere
Genitiv: **Wessen?**	meiner/deiner/seiner/ihrer/seiner/unserer/eurer/ihrer Hunde/Katzen/Tiere
Dativ: **Wem?**	meinen/deinen/seinen/ihren/seinen/unseren/euren/ihren Hunden/Katzen/Tieren
Akkusativ: **Wen oder was?**	meine/deine/seine/ihre/seine/unsere/eure/ihre Hunde/Katzen/Tiere

☐ Die Deklination des Possessivpronomens entspricht im Singular der Deklination des unbestimmten Artikels „ein, eine, ein".

☐ Die Deklination des Possessivpronomens entspricht im Singular der Deklination des bestimmten Artikels „der, die, das".

★★ | 👤 👥 👥

3. Ergänze das Possessivpronomen in Klammern mit der richtigen Endung.

a) Mein Vater vermisst _____ (sein☆) Brille.

b) Das Haus _____ (unser☆) Eltern wird neu angestrichen.

c) Sie kauft _____ (ihr☆) Mutter ein Buch und _____ (ihr☆) Vater eine Zeitung.

★★★ | 👤 👥 👥

4. Ergänze das passende Possessivpronomen mit der korrekten Endung.

a) Wir besitzen eine Katze. Wir suchen _____ Katze.

b) Ihr habt einen Hund. Ich habe _____ Hund schon gefüttert.

c) Das ist Bens Vogel. Es ist _____ Vogel.

d) Selina gehört die Jacke? Ich habe _____ Jacke über den Stuhl gehängt.

e) Sie haben ein Kaninchen gekauft. Sie haben _____ Kaninchen Futter besorgt.

f) Eure Eltern haben Hochzeitstag? Habt ihr _____ Eltern schon gratuliert?

g) Ich habe eine Rose. _____ Rose hat eine rote Blüte.

h) Sie haben zwei Kinder. Die Haare _____ Kinder sind braun.

Lerntheke 3

Cornelsen

Pronomen richtig verwenden
Autorin: Birgit Lascho · Lerntheke DaZ 5/6 · Grammatik

KV 3
Seite 2 von 2

4 Demonstrativpronomen richtig gebrauchen

★ | ● ●● ●●●

1. Lies dir den Informationstext unten durch und ordne die Beispielsätze aus dem Kasten darunter der richtigen Gruppe von Demonstrativpronomen zu.

> **Informationstext**
> Mit einem Demonstrativpronomen kann man den Bezug zu einer bestimmten Person, Sache oder Aussage deutlich machen. Dabei kann das Demonstrativpronomen „dieser, diese, dieses" als Begleiter eines Nomens auftreten oder als Stellvertreter allein stehen, während die Demonstrativpronomen „das" oder „dies", die sich auf eine bestimmte Aussage beziehen, nur als Stellvertreter allein vorkommen können.

> Er besitzt ein Mäuschen. Das/Dies ist richtig.
> Er besitzt ein Mäuschen. Dieses Mäuschen hat graues Fell.
> Er besitzt ein Mäuschen. Dieses hat graues Fell.

a) Das Demonstrativpronomen „dieser, diese, dieses" als Begleiter.
   Beispiel: Ich habe ein Fahrrad. Dieses Fahrrad ist neu.

   _____

b) Das Demonstrativpronomen „dieser, diese, dieses" als Stellvertreter.
   Beispiel: Ich habe ein Fahrrad. Dieses ist neu.

   _____

c) Das Demonstrativpronomen „das" oder „dies" als Stellvertreter.
   Beispiel: Er behauptet, dass er ein neues Fahrrad hat. Das/Dies stimmt nicht.

   _____

★★ | ● ●● ●●●

2. Ergänze bei Satz a) das Demonstrativpronomen „Das" und bei Satz b) das Demonstrativpronomen „Dies". Unterstreiche, worauf sich diese Pronomen beziehen. Verdeutliche zudem den Bezug durch einen Pfeil wie oben.

a) Er wird nicht kommen. _____ glaube ich nicht.

b) Sie meint, dass es Gewitter gibt. _____ denke ich auch.

Lerntheke 3

Cornelsen   Pronomen richtig verwenden
Autorin: Birgit Lascho · Lerntheke DaZ 5/6 · Grammatik

KV 4
Seite 1 von 2

Name: _____   Datum: _____

★★ | 👤 👥 👥👥

3. Ergänze das Demonstrativpronomen „dieser, diese, dieses" mithilfe der Übersichtstabelle bei den Sätzen in der grammatisch passenden Form.

| Fall | Singular | | | Plural |
	männlich	weiblich	sächlich	alle Geschlechter
Nominativ: **Wer oder was?**	dieser	diese	dieses	diese
Genitiv: Wessen?	dieses	dieser	dieses	dieser
Dativ: Wem?	diesem	dieser	diesem	diesen
Akkusativ: **Wen oder was?**	diesen	diese	dieses	diese

a) Wir haben einen neuen Hund. _____ hat schwarzes Fell.

b) Mir ist ein Mann begegnet. _____ Mann habe ich noch nie gesehen.

c) Da kommt eine Frau. Die Haare _____ Frau sind braun.

d) Ein Kater jagt eine Maus. _____ versucht vergeblich zu flüchten.

e) Ich habe zwei Kinder getroffen. _____ habe ich Bonbons geschenkt.

f) Auf dem Baum sitzt ein Vogel. Der Gesang _____ Vogels ist wunderschön.

g) Dort steht ein kleiner Junge. _____ winke ich zu.

h) Im Auto sitzen zwei Männer. Das Gespräch _____ Männer ist laut.

i) Da steht eine Rose. Der Duft _____ Rose ist einzigartig.

★★★ | 👤 👥 👥👥

4. Ergänze das Demonstrativpronomen „dieser, diese, dieses" oder „dies" in der richtigen Form.

a) Da liegt ein Buch. Ich denke _____ gehört Benjamin.

b) Ich glaube, er hat seine Badehose vergessen. _____ kann nicht wahr sein.

c) Da sitzt ein Kind. Die Blicke _____ Kindes sind auf den Ententeich gerichtet.

d) Er will nicht kommen. _____ ärgert mich wirklich.

e) Dort kommt eine Frau. Wir können _____ fragen.

f) Da sitzt ein Straßenmusiker. Lass uns _____ etwas geben.

g) Ich sehe einen Zug kommen. Vielleicht können wir _____ nehmen.

h) Hier ist noch eine Tür. Wahrscheinlich muss man an _____ anklopfen.

Lerntheke 3

Pronomen richtig verwenden
Autorin: Birgit Lascho · Lerntheke DaZ 5/6 · Grammatik

KV 4
Seite 2 von 2

5 Relativpronomen richtig benutzen

★ | 👤 👥 👥

1. Lies dir die Informationen durch und kreuze an, was zutrifft.

> Relativpronomen werden verwendet, um die direkte Wiederholung von Artikel und Nomen in einem Nebensatz zu vermeiden.
>
> Relativpronomen stehen am Anfang eines Nebensatzes und beziehen sich auf ein Nomen im Hauptsatz, das von Geschlecht (Genus) und Anzahl (Numerus) grammatisch dazu passt.
>
> Beispiele: Der Mann, der dort sitzt, lacht.
>
> Die Frau, die ein Eis in der Hand hat, blickt suchend umher.
>
> Das Glas, das dort steht, ist schmutzig.
>
> Was den Fall (Kasus) betrifft, so richtet sich das Relativpronomen jedoch nach der Rolle, die es im Nebensatz spielt, den es einleitet.
>
> Beispiele:
> Ich begrüßte die Frau, die mir entgegenkam. (Wer oder was kam mir entgegen?)
>   Akkusativ Nominativ
>
> Ich begrüßte die Frau, deren Mann krank war. (Wessen Mann war krank?)
>   Akkusativ Genitiv
>
> Ich begrüßte die Frau, der ich begegnete. (Wem begegnete ich?)
>   Akkusativ Dativ
>
> Ich begrüßte die Frau, die ich noch nie hier gesehen hatte. (Wen oder was hatte ich
>   Akkusativ Akkusativ   noch nie hier gesehen?)
>
> Die Deklination des Relativpronomens „der, die, das" stimmt mit der Deklination des Artikels „der, die, das" bis auf die Genitivformen überein, die im Singular „dessen, deren, dessen" und im Plural für alle drei Geschlechter „deren" lauten.

☐ Das Relativpronomen richtet sich in der Zahl, dem Geschlecht und dem Fall nach dem Bezugsnomen im Hauptsatz.

☐ Das Relativpronomen richtet sich in der Zahl und dem Geschlecht nach dem Bezugsnomen, beim Fall jedoch nach der Rolle, die es im Nebensatz spielt.

Lerntheke 3

Name: _____ Datum: _____

★★ | 👤 👥 👥👥

2. Ergänze mithilfe der Übersichtstabelle und der Fragen die Relativpronomen in der passenden grammatischen Form.

Fall	Singular männlich	weiblich	sächlich	Plural alle Geschlechter
Nominativ: Wer oder was?	der	die	das	die
Genitiv: Wessen?	dessen	deren	dessen	deren
Dativ: Wem?	dem	der	dem	denen
Akkusativ: Wen oder was?	den	die	das	die

a) Ich half dem Jungen, _____ andere Kinder ärgerten.

  ⟶ Wen oder was ärgerten andere Kinder?

b) Er gab dem Hund, _____ bettelte, Futter.

  ⟶ Wer oder was bettelte?

c) Ich rief die Frau an, _____ Nummer auf dem Zettel stand.

  ⟶ Wessen Nummer stand auf dem Zettel?

d) Er sah das Kind wieder, _____ er sein Dreirad verkauft hatte.

  ⟶ Wem hatte er sein Dreirad verkauft?

e) Ich nahm die Sachen mit, _____ die anderen nicht wollten.

  ⟶ Wen oder was nahm ich mit?

f) Der Igel, _____ wir gestern Futter gegeben haben, kam wieder.

  ⟶ Wem haben wir Futter gegeben?

★★★ | 👤 👥 👥👥

3. Ergänze die Relativpronomen in der passenden grammatischen Form.

a) Der Mann, _____ sie dort gesehen hatte, war plötzlich verschwunden.

b) Ich sah den Jungen wieder, _____ ich neulich im Park begegnet bin.

c) Der Arzt behandelte die Frau, _____ Fuß verletzt war.

d) Sie bat die Handwerker herein, _____ sie Kaffee anbieten wollte.

e) Der Filzstift, _____ Kappe verschwunden ist, ist ausgetrocknet.

f) Das Pferd, _____ ich Futter gegeben habe, begann sofort zu fressen.

g) Die Blumen, _____ Köpfe hingen, habe ich aussortiert.

Lerntheke 3

Name: _____   Datum: _____

6 Abschlusstest Pronomen richtig verwenden: Was hast du dazugelernt?

1. Ergänze bei den Sätzen das **Personalpronomen** in der richtigen Form.

a) Ben kommt mit seinem Fahrrad. _____ parkt _____ vor dem Gartenzaun.

b) Hallo Julia! Hilfst _____ _____ bitte bei meinen Hausaufgaben? _____ sind schwierig.

c) Nein, keiner von _____ beiden hat _____ drei gestern gesehen.

d) Hört _____ das Kind? _____ schreit schon die ganze Zeit.

2. Ergänze die fehlenden **Reflexivpronomen** in der grammatisch passenden Form.

a) Er wäscht _____ .

b) Ich putze _____ meine Zähne.

c) Wir beide ziehen _____ selbst an.

d) Ich weigere _____ , das zu bezahlen.

e) Sie setzen _____ auf eine Bank.

f) Warum bindest du _____ die Schuhe nicht zu?

3. Ergänze das passende **Possessivpronomen** mit der korrekten Endung.

a) Das ist Annas Katze. Es ist _____ Katze.

b) Euch gehört das Pferd? Ich habe _____ Pferd Wasser gegeben.

c) Er hat einen neuen Füller. _____ Füller hat eine grüne Kappe.

d) Wir besitzen einen Hund. Das Fell _____ Hundes ist braun.

4. Ergänze das **Demonstrativpronomen** „dieser, diese, dieses" oder „dies" in der passenden Form.

a) Er kommt nicht mit. _____ ärgert mich sehr.

b) Dort kommt ein Mann. Wir können _____ fragen.

c) Da führt ein Straßenkünstler etwas vor. Lass uns _____ etwas geben.

d) Auf dem Stuhl sitzt eine Frau. Die Blicke _____ Frau sind zur Tür gerichtet.

5. Ergänze das **Relativpronomen** „der, die, das" in der passenden grammatischen Form.

a) Ich sah den Mann wieder, _____ ich neulich im Wald begegnet bin.

b) Sie lockte das Reh mit Futter, _____ sofort kam.

c) Der Mann, _____ ich dort getroffen habe, wohnt auch bei uns im Dorf.

d) Die Frau, _____ Hund gestorben ist, hat sich einen neuen Hund geholt.

Lerntheke 3

Name: _____ Datum: _____

1 Personalpronomen richtig gebrauchen

★ | ♣ ♣♣ ♣♣♣

1. Lies dir die Übersicht über die Personalpronomen durch und kreuze an, was dir bei der dritten Person Singular im Vergleich zu der ersten und zweiten Person Singular auffällt.

Singular

	1. Person	2. Person	3. Person männlich	weiblich	sächlich
Nominativ: Wer oder was?	ich	du	er	sie	es
Genitiv: Wessen?	meiner	deiner	seiner	ihrer	seiner
Dativ: Wem?	mir	dir	ihm	ihr	ihm
Akkusativ: Wen oder was?	mich	dich	ihn	sie	es

Plural

	1. Person	2. Person	3. Person alle drei Geschlechter
Nominativ: Wer oder was?	wir	ihr	sie
Genitiv: Wessen?	unser	euer	ihrer
Dativ: Wem?	uns	euch	ihnen
Akkusativ: Wen oder was?	uns	euch	sie

☐ Bei der dritten Person Singular lauten die Formen des Personalpronomens für alle drei Geschlechter gleich.

☒ Bei der dritten Person Singular wird nach den drei Geschlechtern unterschieden. Hier muss man aufpassen, da die Formen des Personalpronomens für die verschiedenen Geschlechter unterschiedlich lauten.

Lösungen – Lerntheke 3

Cornelsen | Pronomen richtig verwenden | Autorin: Birgit Loscho · Lerntheke DaZ 5/6 · Grammatik | **KV 1** Seite 1 von 3

Name: _____ Datum: _____

★★ | ♣ ♣♣ ♣♣♣

2. Ergänze bei den Beispielsätzen mithilfe der Fragen für die einzelnen Fälle die fehlenden Personalpronomen im Singular (Einzahl) und im Plural (Mehrzahl). Dabei kannst du die Übersichtstabellen auf der vorherigen Seite zu Hilfe nehmen.

	1. Person	2. Person
Nominativ: Wer oder was?	Ja, ich komme gleich. Ja, wir kommen gleich.	Gut, du kommst gleich. Gut, ihr beide kommt gleich.
Genitiv: Wessen?	Die Leute gedenken meiner. Die Leute gedenken unser.	Die Leute gedenken deiner. Die Leute gedenken euer.
Dativ: Wem?	Gib mir das Geld! Gib uns beiden das Geld!	Gut, dir ist es egal. Gut, euch beiden ist es egal.
Akkusativ: Wen oder was?	Jemand ruft mich. Jemand ruft uns beide.	Jemand ruft dich. Jemand ruft euch beide.

	3. Person männlich / weiblich / sächlich	
Nominativ: Wer oder was?	Sieh mal, er / sie / es kommt!	Sieh mal, sie / sie kommen!
Genitiv: Wessen?	Die Leute gedenken seiner / ihrer / seiner.	Die Leute gedenken ihrer / ihrer.
Dativ: Wem?	Die Frau gibt ihm / ihr / ihm die Hand.	Die Frau gibt ihnen / ihnen die Hand.
Akkusativ: Wen oder was?	Die Frau trifft ihn / sie / es im Hausflur.	Die Frau trifft sie / sie im Hausflur.

★★★ | ♣ ♣♣ ♣♣♣

3. Ergänze bei den Sätzen das Personalpronomen in der richtigen Form.

a) Sie braucht den Schlüssel und sagt: „Hallo, ich will die Tür aufschließen, kannst du mir bitte den Schlüssel geben?"

b) Sie sagen zu den beiden, mit denen sie zusammen ins Kino wollen: „Mensch, beeilt euch, damit wir noch vor Beginn der Vorstellung am Kino sind und man uns noch hineinlässt."

Lösungen – Lerntheke 3

Cornelsen | Pronomen richtig verwenden | Autorin: Birgit Loscho · Lerntheke DaZ 5/6 · Grammatik | **KV 1** Seite 2 von 3

Name: _____ Datum: _____

4. ★★★ Ersetze bei den folgenden Sätzen das unterstrichene Nomen durch ein Personalpronomen und schreibe die Sätze damit auf.

a) Die Frau schenkt dem Kind eine Tafel Schokolade.
__Sie schenkt ihm eine Tafel Schokolade.__

b) Der Mann streichelt den Hund und das Kaninchen.
__Er streichelt ihn und es.__

c) Das Kind ruft nach der Mutter und dem Vater.
__Es ruft nach ihr und ihm.__

d) Die Jungen schreiben dem Mann einen Zettel.
__Sie schreiben ihm einen Zettel.__

e) Die beiden Freundinnen gratulieren Antonia zum Geburtstag.
__Sie gratulieren ihr zum Geburtstag.__

f) Selina fährt mit ihren Eltern in die Stadt.
__Sie fährt mit ihnen in die Stadt.__

g) Tom gibt den Schlüssel seiner Schwester.
__Er gibt ihn ihr.__

h) Das Kätzchen springt Nikolas auf den Schoß.
__Es springt ihm auf den Schoß.__

Lösungen – Lerntheke 3

Cornelsen
Pronomen richtig verwenden
Autorin: Birgit Loscho · Lerntheke DaZ 5/6 · Grammatik · Illustrator: Steffen Jähde
KV 1
Seite 3 von 3

Name: _____ Datum: _____

2 Reflexivpronomen richtig benutzen

1. ★ Lies dir die Formen der Reflexivpronomen in der Übersichtstabelle durch und ergänze die Formen in den Beispielsätzen. Die angegebenen Personalpronomen „ich, du, er, sie, es, wir, ihr, sie" helfen dir dabei.

Dativ: Wem? Singular	Plural	Akkusativ: Wen oder was? Singular	Plural
ich → mir	wir → uns	ich → mich	wir → uns
du → dir	ihr → euch	du → dich	ihr → euch
er → sich	sie → sich	er → sich	sie → sich
sie → sich		sie → sich	
es → sich		es → sich	

Dativ: Wem?	Akkusativ: Wen oder was?
Ich binde __mir__ die Schuhe zu.	Ich wasche __mich__.
Du bindest __dir__ die Schuhe zu.	Du wäschst __dich__.
Er bindet __sich__ die Schuhe zu.	Er wäscht __sich__.
Sie bindet __sich__ die Schuhe zu.	Sie wäscht __sich__.
Es bindet __sich__ die Schuhe zu.	Es wäscht __sich__.
Wir binden __uns__ die Schuhe zu.	Wir waschen __uns__.
Ihr bindet __euch__ die Schuhe zu.	Ihr wascht __euch__.
Sie binden __sich__ die Schuhe zu.	Sie waschen __sich__.

2. ★★ Ergänze bei den Sätzen die grammatisch passenden Reflexivpronomen. Die Fragen helfen dir dabei.

a) Er hat __sich__ geduscht. (Wen oder was hat er geduscht?)

b) Du hast __dir__ eine Kette umgehängt. (Wem hast du eine Kette umgehängt?)

c) Wir kämmen __uns__. (Wen oder was kämmen wir?)

d) Ich habe __mir__ den Fuß verletzt. (Wem habe ich den Fuß verletzt?)

e) Ihr habt __euch__ damit selbst geschadet. (Wem habt ihr damit geschadet?)

f) Sie hat __sich__ eingecremt. (Wen oder was hat sie eingecremt?)

Lösungen – Lerntheke 3

Cornelsen
Pronomen richtig verwenden
Autorin: Birgit Loscho · Lerntheke DaZ 5/6 · Grammatik
KV 2
Seite 1 von 2

Name: _____ Datum: _____

★★ | ★ ★★ ★★
3. Ergänze die fehlenden Reflexivpronomen in der grammatisch passenden Form.

a) Sie haben **sich** sehr darüber geärgert.

b) Du bürstest **dir** am besten noch deine Haare.

c) Ich habe **mich** selbst gemalt.

d) Er weigert **sich**, sein Zimmer aufzuräumen.

e) Wir ziehen **uns** noch schnell um.

f) Ihr habt **euch** damit selbst im Weg gestanden.

★★★ | ★ ★★ ★★
4. Findet euch zu zweit oder zu dritt zusammen. Schneidet die Kärtchen mit den Reflexivpronomen und die Kärtchen mit den Sätzen aus und spielt das Spiel „Wer hat Glück und findet, was zusammenpasst?" entsprechend der Anleitung.

„Wer hat Glück und findet, was zusammenpasst?"

Legt die beiden Kartensets jeweils verdeckt in voneinander getrennten Haufen auf den Tisch. Mischt jeweils die Kartensets. Vom Stapel mit den Reflexivpronomen wird nun die erste Karte aufgedeckt. Das Spiel beginnt! Der erste Spieler deckt eine Karte vom Stapel mit den Sätzen auf. Passt der Satz zum aufgedeckten Reflexivpronomen, darf der Spieler die Karte mit dem Satz behalten und eine neue Karte mit einem Reflexivpronomen aufdecken. Andernfalls wird die aufgedeckte Karte mit dem Satz wieder verdeckt unter den Stapel gelegt und die Karte mit dem Reflexivpronomen bleibt für drei Durchgänge liegen, bevor die nächste Karte mit Reflexivpronomen auf-gedeckt wird. Dann kann der nächste Mitspieler sein Glück versuchen und so weiter. Es wird so lange gespielt, bis alle Karten mit Sätzen weg sind. Sieger ist, wer am En-de die meisten Karten mit Sätzen hat. Wer ein falsches Paar benennt, muss zur Stra-fe eine bereits gewonnene Karte wieder abgeben.

mir	dir	sich	uns	euch	mich	dich
Ich habe mir vorgenommen, die Hausaufgaben zu machen.	Du hast dir selbst damit geschadet.	Er hat sich an seinem Knie wehgetan.	Wir haben uns ein neues Auto gekauft.			
Ihr habt euch schon alleine die Jacken angezogen.	Ich habe mich selbst geduscht.	Du hast dir die eigenen Zähne noch nicht geputz..	Er hat sich an neulich erinnert, als wir auf dem Spielplatz waren.			
Wir haben uns im Wald verlaufen.	Ihr habt euch mit dem Handy selbst fotografiert.	Sie haben sich gestern verlobt.	Sie haben sich einen Wellness-urlaub gegönnt.			

Lösungen – Lerntheke 3

Name: _____ Datum: _____

3 Possessivpronomen richtig verwenden

★ | ★ ★★ ★★
1. Ergänze mithilfe der Übersichtstabelle die passenden Possessivpronomen.

Person	Singular Personal-pronomen	→	Possessiv-pronomen	Plural Personal-pronomen	→	Possessiv-pronomen
1. Person	ich	→	mein	wir	→	unser
2. Person	du	→	dein	ihr	→	euer
3. Person	er	→	sein	sie	→	ihr
	sie	→	ihr			
	es	→	sein			

Ich habe einen Apfel gekauft. Das ist **mein** Apfel.

Du hast einen Apfel gekauft. Das ist **dein** Apfel.

Er hat einen Apfel gekauft. Das ist **sein** Apfel.

Sie hat einen Apfel gekauft. Das ist **ihr** Apfel.

Es hat einen Apfel gekauft. Das ist **sein** Apfel.

Wir haben einen Apfel gekauft. Das ist **unser** Apfel.

Ihr habt einen Apfel gekauft. Das ist **euer** Apfel.

Sie haben einen Apfel gekauft. Das ist **ihr** Apfel.

★ | ★ ★★ ★★
2. Possessivpronomen hängen wie Artikel von einem Nomen ab. Deshalb erhalten sie eine bestimmte Endung. Lies dir die Deklinationsübersicht für die Possessivpronomen durch und vergleiche die Deklination dann mit der Deklination des Artikels. Kreuze an, was dir auffällt.

Singular

Fall	Formen in allen Geschlechtern
Nominativ: Wer oder was?	mein/dein/sein/ihr/sein/unser/euer/ihr Hund; meine/deine/seine/ihre/seine/unsere/eure/ihre Katze; mein/dein/sein/ihr/sein/unser/euer/ihr Tier
Genitiv: Wessen?	meines/deines/seines/ihres/seines/unseres/eures/ihres Hundes; meiner/deiner/seiner/ihrer/seiner/unserer/eurer/ihrer Katze; meines/deines/seines/ihres/seines/unseres/eures/ihres Tieres
Dativ: Wem?	meinem/deinem/seinem/ihrem/seinem/unserem/eurem/ihrem Hund; meiner/deiner/seiner/ihrer/seiner/unserer/eurer/ihrer Katze; meinem/deinem/seinem/ihrem/seinem/unserem/eurem/ihrem Tier

Lösungen – Lerntheke 3

Name: _____ Datum: _____

4 Demonstrativpronomen richtig gebrauchen

★ | ▲ ▲▲ ▲▲▲

1. Lies dir den Informationstext unten durch und ordne die Beispielsätze aus dem Kasten darunter der richtigen Gruppe von Demonstrativpronomen zu.

Informationstext
Mit einem Demonstrativpronomen kann man den Bezug zu einer bestimmten Person, Sache oder Aussage deutlich machen. Dabei kann das Demonstrativpronomen „dieser, diese, dieses" als Begleiter eines Nomens auftreten oder als Stellvertreter allein stehen, während die Demonstrativpronomen „das" oder „dies", die sich auf eine bestimmte Aussage beziehen, nur als Stellvertreter allein vorkommen können.

Er besitzt ein Mäuschen. Das/Dies ist richtig.
Er besitzt ein Mäuschen. Dieses Mäuschen hat graues Fell.
Er besitzt ein Mäuschen. Dieses hat graues Fell.

a) Das Demonstrativpronomen „dieser, diese, dieses" als Begleiter. Beispiel: Ich habe ein Fahrrad. Dieses Fahrrad ist neu.

Er besitzt ein Mäuschen. Dieses Mäuschen hat graues Fell.

b) Das Demonstrativpronomen „dieser, diese, dieses" als Stellvertreter. Beispiel: Ich habe ein Fahrrad. Dieses ist neu.

Er besitzt ein Mäuschen. Dieses hat graues Fell.

c) Das Demonstrativpronomen „das" oder „dies" als Stellvertreter. Beispiel: Er behauptet, dass er ein neues Fahrrad hat. Das/Dies stimmt nicht.

Er besitzt ein Mäuschen. Das/Dies ist richtig.

★★ | ▲ ▲▲ ▲▲▲

2. Ergänze bei Satz a) das Demonstrativpronomen „Das" und bei Satz b) das Demonstrativpronomen „Dies". Unterstreiche, worauf sich diese Pronomen beziehen. Verdeutliche zudem den Bezug durch einen Pfeil wie oben.

a) Er wird nicht kommen. Das glaube ich nicht.
b) Sie meint, dass es Gewitter gibt. Dies denke ich auch.

Name: _____ Datum: _____

Fall	Formen in allen Geschlechtern
Akkusativ: Wen oder was?	meinen/deinen/seinen/ihren/seinen/euren/ihren Hund
	meine/deine/seine/ihre/seine/unsere/eure/ihre Katze
	mein/dein/sein/ihr/sein/unser/euer/ihr Tier

Plural

Fall	Formen in allen Geschlechtern
Nominativ: Wer oder was?	meine/deine/seine/ihre/seine/unsere/eure/ihre Hunde/Katzen/Tiere
Genitiv: Wessen?	meiner/deiner/seiner/ihrer/seiner/unserer/eurer/ihrer Hunde/Katzen/Tiere
Dativ: Wem?	meinen/deinen/seinen/ihren/seinen/unseren/euren/ihren Hunden/Katzen/Tieren
Akkusativ: Wen oder was?	meine/deine/seine/ihre/seine/unsere/eure/ihre Hunde/Katzen/Tiere

☒ Die Deklination des Possessivpronomens entspricht im Singular der Deklination des unbestimmten Artikels „ein, eine, ein".

☐ Die Deklination des Possessivpronomens entspricht im Singular der Deklination des bestimmten Artikels „der, die, das".

★★ | ▲ ▲▲ ▲▲▲

3. Ergänze das Possessivpronomen in Klammern mit der richtigen Endung.

a) Mein Vater vermisst **seine** (sein☆) Brille.
b) Das Haus **unserer** (unser☆) Eltern wird neu angestrichen.
c) Sie kauft **ihrer** (ihr☆) Mutter ein Buch und **ihrem** (ihr☆) Vater eine Zeitung.

★★★ | ▲ ▲▲ ▲▲▲

4. Ergänze das passende Possessivpronomen mit der korrekten Endung.

a) Wir besitzen eine Katze. Wir suchen **unsere** Katze.
b) Ihr habt einen Hund. Ich habe **euren** Hund schon gefüttert.
c) Das ist Bens Vogel. Es ist **sein** Vogel.
d) Selina gehört die Jacke? Ich habe **ihre** Jacke über den Stuhl gehängt.
e) Sie haben ein Kaninchen gekauft. Sie haben **ihrem** Kaninchen Futter besorgt.
f) Eure Eltern haben Hochzeitstag? Habt ihr **euren** Eltern schon gratuliert?
g) Ich habe eine Rose. **Meine** Rose hat eine rote Blüte.
h) Sie haben zwei Kinder. Die Haare **ihrer** Kinder sind braun.

Name: _____ Datum: _____

3. Ergänze das Demonstrativpronomen „dieser, diese, dieses" mithilfe der Übersichtstabelle bei den Sätzen in der grammatisch passenden Form. ★★ | ♟ ♟♟ ♟♟♟

Fall	Singular männlich	weiblich	sächlich	Plural alle Geschlechter
Nominativ: Wer oder was?	dieser	diese	dieses	diese
Genitiv: Wessen?	dieses	dieser	dieses	dieser
Dativ: Wem?	diesem	dieser	diesem	diesen
Akkusativ: Wen oder was?	diesen	diese	dieses	diese

a) Wir haben einen neuen Hund. **Dieser** hat schwarzes Fell.

b) Mir ist ein Mann begegnet. **Diesen** Mann habe ich noch nie gesehen.

c) Da kommt eine Frau. Die Haare **dieser** Frau sind braun.

d) Ein Kater jagt eine Maus. **Diese** versucht vergeblich zu flüchten.

e) Ich habe zwei Kinder getroffen. **Diesen** habe ich Bonbons geschenkt.

f) Auf dem Baum sitzt ein Vogel. Der Gesang **dieses** Vogels ist wunderschön.

g) Dort steht ein kleiner Junge. **Diesem** winke ich zu.

h) Im Auto sitzen zwei Männer. Das Gespräch **dieser** Männer ist laut.

i) Da steht eine Rose. Der Duft **dieser** Rose ist einzigartig.

4. Ergänze das Demonstrativpronomen „dieser, diese, dieses" oder „dies" in der richtigen Form. ★★★ | ♟ ♟♟ ♟♟♟

a) Da liegt ein Buch. Ich denke **dieses** gehört Benjamin.

b) Ich glaube, er hat seine Badehose vergessen. **Dies** kann nicht wahr sein.

c) Da sitzt ein Kind. Die Blicke **dieses** Kindes sind auf den Ententeich gerichtet.

d) Er will nicht kommen. **Dies** ärgert mich wirklich.

e) Dort kommt eine Frau. Wir können **diese** fragen.

f) Da sitzt ein Straßenmusiker. Lass uns **diesem** etwas geben.

g) Ich sehe einen Zug kommen. Vielleicht können wir **diesen** nehmen.

h) Hier ist noch eine Tür. Wahrscheinlich muss man an **dieser/diese** anklopfen.

Lösungen – Lerntheke 3

Name: _____ Datum: _____

5 Relativpronomen richtig benutzen

1. Lies dir die Informationen durch und kreuze an, was zutrifft. ★ | ♟ ♟♟ ♟♟♟

Relativpronomen werden verwendet, um die direkte Wiederholung von Artikel und Nomen in einem Nebensatz zu vermeiden.
Relativpronomen stehen am Anfang eines Nebensatzes und beziehen sich auf ein Nomen im Hauptsatz, das von Geschlecht (Genus) und Anzahl (Numerus) grammatisch dazu passt.

Beispiele:

Der Mann, der dort sitzt, lacht.

Die Frau, die ein Eis in der Hand hat, blickt suchend umher.

Das Glas, das dort steht, ist schmutzig.

Was den Fall (Kasus) betrifft, so richtet sich das Relativpronomen jedoch nach der Rolle, die es im Nebensatz spielt, den es einleitet.

Beispiele:
Ich begrüßte die Frau, die mir entgegenkam. (Wer oder was kam mir entgegen?)
Akkusativ   Nominativ

Ich begrüßte die Frau, deren Mann krank war. (Wessen Mann krank war?)
Akkusativ   Genitiv

Ich begrüßte die Frau, der ich begegnete. (Wem begegnete ich?)
Akkusativ   Dativ

Ich begrüßte die Frau, die ich noch nie hier gesehen hatte. (Wen oder was hatte ich noch nie hier gesehen?)
Akkusativ   Akkusativ

Die Deklination des Relativpronomens „der, die, das" stimmt mit der Deklination des Artikels „der, die, das" bis auf die Genitivformen überein, die im Singular „dessen, deren, dessen" und im Plural für alle drei Geschlechter „deren" lauten.

[ ] Das Relativpronomen richtet sich in der Zahl, dem Geschlecht und dem Fall nach dem Bezugsnomen im Hauptsatz.

[x] Das Relativpronomen richtet sich in der Zahl und dem Geschlecht nach dem Bezugsnomen, beim Fall jedoch nach der Rolle, die es im Nebensatz spielt.

Lösungen – Lerntheke 3

Name: _____ Datum: _____

Lösungen – Lerntheke 3

★★ | 👤 👥 👥

2. Ergänze mithilfe der Übersichtstabelle und der Fragen die Relativpronomen in der passenden grammatischen Form.

Fall	Singular männlich	weiblich	sächlich	Plural alle Geschlechter
Nominativ: Wer oder was?	der	die	das	die
Genitiv: Wessen?	dessen	deren	dessen	deren
Dativ: Wem?	dem	der	dem	denen
Akkusativ: Wen oder was?	den	die	das	die

a) Ich half dem Jungen, __den__ andere Kinder ärgerten.
→ Wen oder was ärgerten andere Kinder?

b) Er gab dem Hund, __der__ bettelte, Futter.
→ Wer oder was bettelte?

c) Ich rief die Frau an, __deren__ Nummer auf dem Zettel stand.
→ Wessen Nummer stand auf dem Zettel?

d) Er sah das Kind wieder, __dem__ er sein Dreirad verkauft hatte.
→ Wem hatte er sein Dreirad verkauft?

e) Ich nahm die Sachen mit, __die__ die anderen nicht wollten.
→ Wen oder was nahm ich mit?

f) Der Igel, __dem__ wir gestern Futter gegeben haben, kam wieder.
→ Wem haben wir Futter gegeben?

★★★ | 👤 👥 👥

3. Ergänze die Relativpronomen in der passenden grammatischen Form.

a) Der Mann, __den__ sie dort gesehen hatte, war plötzlich verschwunden.
b) Ich sah den Jungen wieder, __dem__ ich neulich im Park begegnet bin.
c) Der Arzt behandelte die Frau, __deren__ Fuß verletzt war.
d) Sie bat die Handwerker herein, __denen__ sie Kaffee anbieten wollte.
e) Der Filzstift, __dessen__ Kappe verschwunden ist, ist ausgetrocknet.
f) Das Pferd, __dem__ ich Futter gegeben habe, begann sofort zu fressen.
g) Die Blumen, __deren__ Köpfe hingen, habe ich aussortiert.

Name: _____ Datum: _____

6 Abschlusstest Pronomen richtig verwenden: Was hast du dazugelernt?

Lösungen – Lerntheke 3

1. Ergänze bei den Sätzen das Personalpronomen in der richtigen Form.

a) Ben kommt mit seinem Fahrrad. __Er__ parkt __es__ vor dem Gartenzaun.
b) Hallo Julia! Hilfst __du__ __mir__ bitte bei meinen Hausaufgaben? __Sie__ sind schwierig.
c) Nein, keiner von __uns__ beiden hat __euch__ drei gestern gesehen.
d) Hört __ihr__ das Kind? __Es__ schreit schon die ganze Zeit.

2. Ergänze die fehlenden Reflexivpronomen in der grammatisch passenden Form.

a) Er wäscht __sich__.
b) Ich putze __mir__ meine Zähne.
c) Wir beide ziehen __uns__ selbst an.
d) Ich weigere __mich__, das zu bezahlen.
e) Sie setzen __sich__ auf eine Bank.
f) Warum bindest du __dir__ die Schuhe nicht zu?

3. Ergänze das passende Possessivpronomen mit der korrekten Endung.

a) Das ist Annas Katze. Es ist __ihre__ Katze.
b) Euch gehört das Pferd? Ich habe __eurem__ Pferd Wasser gegeben.
c) Er hat einen neuen Füller. __Sein__ Füller hat eine grüne Kappe.
d) Wir besitzen einen Hund. Das Fell __unseres__ Hundes ist braun.

4. Ergänze das Demonstrativpronomen „dieser, diese, dieses" oder „dies" in der passenden Form.

a) Er kommt nicht mit. __Dies__ ärgert mich sehr.
b) Dort kommt ein Mann. Wir können __diesen__ fragen.
c) Da führt ein Straßenkünstler etwas vor. Lass uns __diesem__ etwas geben.
d) Auf dem Stuhl sitzt eine Frau. Die Blicke __dieser__ Frau sind zur Tür gerichtet.

★★★ | 👤 👥 👥

5. Ergänze das Relativpronomen „der, die, das" in der passenden grammatischen Form.

a) Ich sah den Mann wieder, __dem__ ich neulich im Wald begegnet bin.
b) Sie lockte das Reh mit Futter, __das__ sofort kam.
c) Der Mann, __den__ ich dort getroffen habe, wohnt auch bei uns im Dorf.
d) Die Frau, __deren__ Hund gestorben ist, hat sich einen neuen Hund geholt.

Lerntheke 4
Unregelmäßige Verbformen

Der folgenden Übersicht kannst du entnehmen, welche Stationen dir bei dieser Lerntheke angeboten werden. Hake die einzelnen Stationen in der rechten Spalte ab, nachdem du sie bearbeitet hast. So behältst du den Überblick, welche Aufgaben du schon erledigt hast und welche noch nicht.

Tipp: Die Aufgaben von Station 5 sind etwas schwerer als jene der vorherigen Stationen. Bearbeite sie auf jeden Fall erst, nachdem du die Aufgaben von Station 2 erledigt hast, oder, noch besser, erst, nachdem du die Aufgaben von Station 1 bis 4 gelöst hast.

Führe am Ende noch den Abschlusstest durch und überprüfe damit selbst, ob du das zuvor Gelernte nun beherrschst.

Übersicht

	Station	Thema	Erledigt?
spielerisch	1	Unregelmäßige Präsensformen	
	2	Unregelmäßige Präteritumsformen	
	3	Unregelmäßige Perfektformen	
	4	Unregelmäßige Imperativformen	
	5	Unregelmäßige Präteritumsformen, die man nicht verwechseln sollte	
	6	Abschlusstest	

1 Unregelmäßige Präsensformen

★ | 👤 👥 👥👥

1. Ordne die Präsensformen aus den Kästen in der Er-Form den passenden Infinitiven zu. Beachte, dass die Er-Form auch für „sie" und „es" in der Einzahl gilt!

Unregelmäßige Präsensformen mit „a"/„au" im Infinitiv, aus denen „ä"/„äu" wird
bäckt ♦ hält ♦ trägt ♦ lässt ♦ läuft ♦ fährt ♦ rät ♦ fällt ♦ bläst ♦ schläft ♦ fängt ♦ wäscht ♦ vergräbt ♦ lädt ♦ säuft ♦ brät ♦ wächst

schlafen: er _____   fallen: er _____   wachsen: er _____

fahren: er _____   lassen: er _____   laden: er _____

blasen: er _____   halten: er _____   laufen: er _____

vergraben: er _____   braten: er _____   backen: er _____

saufen: er _____   waschen: er _____   raten: er _____

tragen: er _____   fangen: er _____

Unregelmäßige Präsensformen mit „e" im Infinitiv, das zu „i" wird
vergisst ♦ trifft ♦ hilft ♦ gibt ♦ isst ♦ bricht ♦ verbirgt ♦ flicht ♦ stirbt ♦ wirft ♦ spricht ♦ wirbt ♦ verdirbt ♦ frisst ♦ nimmt

essen: er _____   sprechen: er _____   geben: er _____

nehmen: er _____   fressen: er _____   werfen: er _____

brechen: er _____   flechten: er _____   vergessen: er _____

treffen: er _____   werben: er _____   verderben: er _____

sterben: er _____   helfen: er _____   verbergen: er _____

Sonderformen
mag ♦ weiß ♦ sieht ♦ liest ♦ stößt ♦ stiehlt ♦ ist ♦ befiehlt ♦ will ♦ empfiehlt ♦ kann ♦ geschieht

wollen: er _____   lesen: er _____   empfehlen: er _____

können: er _____   wissen: er _____   geschehen: es _____

stehlen: er _____   sein: er _____   befehlen: er _____

stoßen: er _____   sehen: er _____   mögen: er _____

Lerntheke 4

Cornelsen Unregelmäßige Verbformen
Autorin: Birgit Lascho · Lerntheke DaZ 5/6 · Grammatik

KV 1
Seite 1 von 2

★★ | 👤 👥 👥👥

2. Welche Präsensform aus dem Kasten passt inhaltlich in welchen Satz? Ordne zu.

> liest ◆ empfiehlt ◆ trägt ◆ isst

a) Das Baby _____ seinen Brei.

b) Der Vater _____ die Koffer ins Auto.

c) Julian _____ ein Buch.

d) Der Verkäufer _____ dem Kunden, die teure Uhr zu kaufen.

★★★ | 👤 👥 👥👥

3. Ergänze bei den Sätzen die Präsensform des in Klammern stehenden Verbs.

a) Er _____ (sein) verärgert und _____ (befehlen) den Kindern, leise zu sein.

b) Mia _____ (nehmen) das Mikrofon und _____ (sprechen) hinein.

c) Der Wind _____ (blasen) und ein Dachziegel _____ (fallen) herunter.

d) Jan _____ (wissen) das und _____ (vergessen) es bestimmt nicht.

e) Er _____ (laufen) los und _____ (werfen) den Ball nach ihm.

f) Lea _____ (mögen) keinen Streit, das _____ (verderben) ihr die Laune.

★★★ | 👥 👥👥

4. Suche dir einen oder mehrere Partner und spielt zusammen das Spiel „Pärchen finden". Stellt das Spiel zu den unregelmäßigen Präsensformen entsprechend der Anleitung her.

> **„Pärchen finden" – Spielkarten herstellen**
> Schneidet 88 gleich große Kärtchen aus. Benutzt dafür die unten abgebildeten Karten als Schablone. Bildet dann Paare, indem ihr jeweils auf ein Kärtchen den Infinitiv notiert und auf das andere die dazugehörige Präsensform in der Er-Form beziehungsweise in Ausnahmefällen der Es- oder Sie-Form. Achtet darauf, dass ihr einen Stift verwendet, der nicht durchschreibt.

vergessen	er vergisst

Lerntheke 4

2   Unregelmäßige Präteritumsformen

★ | 👤 👥 👥👥

1. Übernimm die folgende Tabelle in dein Heft, schreibe in der Infinitivspalte alle angegebenen Infinitivformen untereinander. Ordne dann die Präteritumsformen aus dem Kasten den Infinitivformen zu.

Beispiel:

Infinitiv	Präteritum: Er-/Sie-/Es-Form
sein	war

heißen, dürfen, wachsen, sitzen, kriechen, schleichen, schlagen, haben, laden, fliegen, lesen, gewinnen, springen, fliehen, beginnen, treffen, sehen, müssen, halten, reiten, können, lügen, schreiben, raten, bitten, ziehen, schießen, stehen, denken, stehlen, reißen, biegen, pfeifen, fangen, fließen, steigen, genießen, waschen, geben, singen, rufen, fallen, bringen, gebären, sich erschrecken, leihen, trinken, treten, sinken, leiden, werfen, zwingen, sterben, schwimmen, stoßen, hängen, graben, empfehlen, binden, bergen, stinken, schmeißen, wiegen, greifen, gießen, scheinen, braten, kommen, riechen, blasen, bleiben, streiten, verderben, fressen, stechen, klingen, streichen, essen, laufen, wissen, senden, brennen, befehlen, treiben, brechen, schieben, schneiden, messen, meiden

> bog ◆ schmiss ◆ fing ◆ griff ◆ stieg ◆ schien ◆ wusch ◆ kam ◆ sang ◆ sandte ◆ log ◆
> verdarb ◆ riet ◆ stach ◆ zog ◆ strich ◆ stand ◆ stahl ◆ stank ◆ wog ◆ pfiff ◆ goss ◆
> floss ◆ briet ◆ genoss ◆ roch ◆ gab ◆ blies ◆ rief ◆ stritt ◆ konnte ◆ fraß ◆ schrieb ◆
> klang ◆ bat ◆ aß ◆ schoss ◆ dachte ◆ flog ◆ riss ◆ las ◆ barg ◆ gewann ◆ band ◆
> sprang ◆ lief ◆ empfahl ◆ floh ◆ grub ◆ begann ◆ hing ◆ traf ◆ stieß ◆ sah ◆
> schwamm ◆ musste ◆ starb ◆ hielt ◆ zwang ◆ ritt ◆ hieß ◆ brachte ◆ durfte ◆
> gebar ◆ wuchs ◆ erschrak sich ◆ lieh ◆ kroch ◆ trank ◆ wusste ◆ trat ◆ schlug ◆
> sank ◆ hatte ◆ litt ◆ lud ◆ warf ◆ saß ◆ fiel ◆ schlich ◆ blieb ◆ mied ◆ maß ◆ schnitt ◆
> schob ◆ brach ◆ trieb ◆ befahl ◆ brannte

Lerntheke 4

Cornelsen Unregelmäßige Verbformen
Autorin: Birgit Lascho · Lerntheke DaZ 5/6 · Grammatik

KV 2
Seite 1 von 2

★★ | ⚊ ⚊⚊ ⚊⚊⚊

2. Ergänze bei den Sätzen die Präteritumsform zu den Infinitiven in Klammern.

a) Begeistert _____ (springen) er auf das Pferd und _____ (reiten) los.

b) Die Katze _____ (fliehen) vor dem Hund und _____ (rennen) weit weg.

c) Das Auto _____ (biegen) um die Ecke und _____ (stoßen) mit einem anderen Fahrzeug zusammen.

d) Der Hund _____ (stehlen) die Wurst und _____ (essen) sie schnell.

e) Jan _____ (treffen) Lisa und _____ (laden) sie zu sich ein.

f) Der Vater _____ (lesen) den Brief und _____ (beginnen) zu lachen.

g) Das Kind _____ (schreien) und _____ (rufen) nach seiner Mutter.

h) Die Sonne _____ (scheinen) und die Ente _____ (schwimmen) im Teich.

i) Das Seil _____ (reißen) und er _____ (fallen) von der Schaukel.

j) Er _____ (ziehen) seine Jacke und Schuhe an und _____ (gehen) los.

k) Opa _____ (denken) nach und _____ (schreiben) den Einkaufszettel.

l) Sie _____ (schießen) den Ball und dieser _____ (fliegen) mitten ins Tor.

m) Der Junge _____ (heißen) Yanik und _____ (kommen) aus Berlin.

n) Tim _____ (können) nicht anders und _____ (lügen) seine Mutter an.

o) Er _____ (erschrecken) sich und _____ (schlagen) nach der Wespe.

p) Lina _____ (gießen) die Blume, die immer höher _____ (wachsen).

q) Jonas _____ (pfeifen) und _____ (steigen) die Leiter hoch.

r) Er _____ (bringen) Blumen mit und _____ (geben) sie ihr.

★★★ | ⚊ ⚊⚊ ⚊⚊⚊

3. Bei dem Textauszug stehen die Verbformen im Präsens (Gegenwart). Schreibe den Text in dein Heft ab und wandle dabei die Verbformen aus dem Präsens ins Präteritum um.

Beispiel: er läuft ⟶ er lief

Laura geht in den Garten. Dort sieht sie einen Vogel, der auf dem Baum auf einem Ast sitzt. Außerdem schleicht eine Katze durch das Gras. Plötzlich springt die Katze mit einem Satz hoch und fängt eine Maus. Damit ihr niemand ihre Beute wegnimmt, rennt die Katze ganz schnell fort. Der Vogel auf dem Baum singt. Er ist froh, dass sich die Katze eine andere Beute gesucht hat.

KV 2
Seite 2 von 2

Name: _____   Datum: _____

3 Unregelmäßige Perfektformen

★ | 👤 👥 👥👥

1. Ordne den Infinitiven die passende Perfektform aus dem Kasten zu.

> hat gezwungen ♦ ist geworden ♦ ist gestorben ♦ hat getrunken ♦ hat geworfen ♦
> hat getroffen ♦ hat bestritten ♦ hat geworben ♦ hat geliehen ♦ ist gegangen ♦
> hat geholfen ♦ hat begonnen ♦ hat gegossen ♦ hat befohlen ♦ hat gewonnen ♦
> hat gebeten ♦ hat geboren ♦ hat gebissen ♦ ist geblieben ♦ ist abgebogen ♦
> hat gezogen ♦ hat verloren ♦ hat gewusst ♦ hat gewogen ♦ hat gebracht ♦
> hat geschienen ♦ hat gelitten ♦ hat gedacht ♦ hat genommen ♦ hat gebrannt ♦
> hat gelogen ♦ hat empfohlen ♦ hat gelegen ♦ hat gefunden ♦ hat gesprochen ♦
> hat gestohlen ♦ ist gewesen ♦ hat gestanden ♦ ist geflossen ♦ ist gesprungen ♦
> hat geschrieben ♦ ist gestiegen ♦ hat geschrien ♦ hat gesungen ♦ ist geschwommen ♦
> hat gesessen ♦ hat geschlossen ♦ ist geflogen ♦ hat geschossen ♦ ist geflohen ♦
> ist zerbrochen ♦ hat gehoben

befehlen: er _____

beginnen: er _____

beißen: er _____

abbiegen: er _____

bitten: er _____

bleiben: er _____

zerbrechen: er _____

brennen: es _____

bringen: er _____

denken: er _____

empfehlen: er _____

finden: er _____

fliegen: er _____

fliehen: er _____

fließen: er _____

schreien: er _____

sein: er _____

gebären: sie _____

gehen: er _____

gewinnen: er _____

gießen: er _____

heben: er _____

helfen: er _____

leiden: er _____

leihen: er _____

liegen: er _____

lügen: er _____

nehmen: er _____

scheinen: sie _____

schießen: er _____

schließen: er _____

schreiben: er _____

schwimmen: er _____

singen: er _____

Cornelsen Unregelmäßige Verbformen
Autorin: Birgit Lascho · Lerntheke DaZ 5/6 · Grammatik

KV 3
Seite 1 von 2

sitzen: er _____   sprechen: er _____

springen: er _____   stehen: er _____

stehlen: er _____   steigen: er _____

sterben: er _____   bestreiten: er _____

treffen: er _____   trinken: er _____

verlieren: er _____   werben: er _____

werfen: er _____   wiegen: er _____

wissen: er _____   ziehen: er _____

zwingen: er _____   werden: es _____

★★ | 👤 👥 👪

2. Unterstreiche bei den Sätzen den ersten Teil des Perfekts, die Form von „haben" oder „sein" im Präteritum, und ergänze den zweiten Teil des Perfekts, die Partizipform.

Beispiel: Er hat _____ (gewinnen) ⟶ Er <u>hat</u> gewonnen.

a) Sie ist nach Hause _____ (gehen).

b) Jonas hat seine Geldbörse _____ (verlieren).

c) Das Geschäft hat in der Mittagszeit _____ (schließen).

d) Er ist vor Freude in die Luft _____ (springen).

★★★ | 👤 👥 👪

3. Ergänze bei den Sätzen die Perfektformen.
Tipp: Bei Verben der Vorwärtsbewegung muss vorn die Präteritumsform von „sein" gewählt werden, ansonsten muss die Präteritumsform von „haben" benutzt werden.

a) Er _____ das Fahrrad _____ (stehlen).

b) Sarah _____ ihrer Oma einen Brief _____ (schreiben).

c) Ben _____ durch den Fluss _____ (schwimmen).

d) Tom _____ angeblich nichts davon _____ (wissen).

e) Meine Uroma _____ letztes Jahr _____ (sterben).

f) Der Schlüssel _____ gestern hier auf dem Tisch _____ (liegen).

g) Die Katze _____ vor dem Hund _____ (fliehen).

h) Vorgestern _____ die Sonne _____ (scheinen).

Lerntheke 4

Unregelmäßige Verbformen
Autorin: Birgit Lascho · Lerntheke DaZ 5/6 · Grammatik

KV 3
Seite 2 von 2

4 Unregelmäßige Imperativformen

★ | 👤 👥 👥👥

1. Lies dir die Information durch und kreuze dann an, was richtig ist.

Bei Verben mit dem Vokal „e" im Infinitiv, wie „sehen" oder „empfehlen", musst du bei der Bildung des Imperativs, der Befehlsform, im Singular aufpassen. Manche dieser Verben haben einen Vokalwechsel: Aus dem „e" wird ein „i" oder „ie", wie zum Beispiel bei der Befehlsform „gib" von „geben" oder „sieh" von „sehen". Außerdem hat das Verb „sein" hier die Sonderform „sei".

☐ Alle Verben mit „e" im Infinitiv haben einen Vokalwechsel, der nur bei der Bildung des Imperativs im Singular erfolgt.

☐ Manche Verben im „e" im Infinitiv haben einen Vokalwechsel, der nur bei der Bildung des Imperativs im Plural erfolgt.

☐ Manche Verben im „e" im Infinitiv haben einen Vokalwechsel, der nur bei der Bildung des Imperativs im Singular erfolgt.

★ | 👤 👥 👥👥

2. Finde heraus, welche Imperativform im Singular aus dem Kasten zu welchem Infinitiv in Klammern gehört, und trage die Form in der passenden Lücke ein.

> sprich ◆ empfiehl ◆ sieh ◆ wirf ◆ lies ◆ iss ◆ nimm ◆ hilf ◆ sei ◆ versprich ◆ miss ◆
> unterbrich ◆ gib ◆ vergiss ◆ sprich

a) _____ (messen) mit dem Lineal nach!

b) _____ (helfen) mir bitte!

c) _____ (werfen) den Abfall in die Mülltonne!

d) _____ (geben) mir bitte das Salz!

e) _____ (sprechen) bitte lauter!

f) _____ (vergessen) deine Fahrkarte nicht!

g) _____ (versprechen) mir hinterher aufzuräumen!

h) _____ (essen) mit Messer und Gabel!

i) _____ (sein) bitte nicht so laut!

j) _____ (sehen) genau hin!

k) _____ (nehmen) ein Wörterbuch zu Hilfe!

l) _____ (lesen) dir die Aufgabe genau durch!

m) _____ (unterbrechen) mich nicht ständig!

n) _____ (empfehlen) mir eine Brotsorte!

Lerntheke 4

Unregelmäßige Verbformen
Autorin: Birgit Lascho · Lerntheke DaZ 5/6 · Grammatik

KV 4
Seite 1 von 2

★★ | 👤 👥 👥

3. Ordne zu, welche Imperativform aus dem Kasten vom Sinn her in welchen Satz passt, und notiere sie in der passenden Lücke. Achte auf die Großschreibung am Satzanfang.

> *gib* ◆ *iss* ◆ *nimm* ◆ *sei* ◆ *versprich* ◆ *lies*

a) _____ Rücksicht auf deinen kleinen Bruder!

b) _____ dir den Beipackzettel des Medikaments unbedingt durch!

c) _____ mir, dass du zuerst deine Hausaufgaben machst, ehe du nach draußen gehst!

d) _____ uns bitte den Wohnungsschlüssel!

e) _____ bitte etwas leiser!

f) _____ zuerst die Kartoffel auf deinem Teller auf, bevor du dir den Nachtisch holst!

★★★ | 👤 👥 👥

4. Ergänze bei den Sätzen die passenden Imperativformen im Singular zu den in Klammern notierten Infinitiven.

a) _____ (helfen) mir bitte bei den Hausaufgaben!

b) _____ (sein) bitte vernünftig und räume auf!

c) _____ (geben) Acht, wenn du über die Straße gehst!

d) _____ (empfehlen) uns eine gute Klavierlehrerin oder einen guten Klavierlehrer!

e) _____, (lesen) was Selina in ihrer E-Mail schreibt!

f) _____ (essen) den Pudding ruhig auf!

g) _____ (unterbrechen) ihn bitte nicht bei seinem Vortrag!

h) _____ (nehmen) mir bitte die Einkaufstaschen ab!

i) _____ (versprechen) uns, vorsichtig zu sein!

j) _____ (sehen) mal, was ich zum Geburtstag bekommen habe!

k) _____ (messen) nach, wie viel Platz wir noch haben!

l) _____ (werfen) das Bonbonpapier nicht auf den Boden!

m) _____ (sprechen) bitte nicht mit vollem Mund!

n) _____ (vergessen) nicht, deine Geldbörse mitzunehmen!

Lerntheke 4

Cornelsen — Unregelmäßige Verbformen
Autorin: Birgit Lascho · Lerntheke DaZ 5/6 · Grammatik · Illustrator: Steffen Jähde
KV 4
Seite 2 von 2

Name: _____ Datum: _____

5 Unregelmäßige Präteritumsformen, die man nicht verwechseln sollte

★ | 👤 👥 👥👥

1. Finde heraus, wie die Präteritumsformen zu den aufgeführten Infinitiven lauten, indem du die passenden Puzzleteile durch einen Strich verbindest und die passenden Formen anschließend unten bei den entsprechenden Infinitiven notierst.

liegen	er konnte
lügen	er sank
bieten	er riet
bitten	er lag
kennen	er las
können	er warb
lassen	er sang
lesen	er bot
raten	er wob
reiten	er bat
werben	er log
weben	er kannte
singen	er ließ
sinken	er ritt

liegen: _____ ⟷ lügen: _____

bieten: _____ ⟷ bitten: _____

kennen: _____ ⟷ können: _____

lassen: _____ ⟷ lesen: _____

raten: _____ ⟷ reiten: _____

werben: _____ ⟷ weben: _____

singen: _____ ⟷ sinken: _____

Cornelsen Unregelmäßige Verbformen
Autorin: Birgit Lascho · Lerntheke DaZ 5/6 · Grammatik

★★ | 👤 👥 👨‍👩‍👧

2. Suche aus dem Kasten die passende Präteritumsform zu den angegebenen Infinitiven heraus und ergänze sie.

> ritt ♦ wob ♦ las ♦ lag ♦ bot ♦ sank ♦ warb ♦ konnte ♦ log ♦ bat ♦ kannte ♦
> ließ ♦ riet ♦ sang

a) Er _____ (bitten) ihn, ihm ein Buch mit zu bestellen, und _____

   (bieten) ihm an, ihm das Geld dafür im Voraus zu geben.

b) Jonas _____ (liegen) faul auf dem Sofa und _____ (lügen) seine Mutter

   an, dass er seine Hausaufgaben schon erledigt habe.

c) Mariana _____ (sinken) langsam zu Boden, während sie das Klagelied

   _____ (singen).

d) Lea _____ (raten) Leon, sich auch ein Pferd aus dem Stall zu holen und

   _____ (reiten) mit ihrer Stute schon in Richtung des Nachbardorfes.

e) Melvin _____ (kennen) sich in der Stadt nicht aus und _____ (können)

   deshalb den Weg nicht finden.

f) Der Mann _____ (lassen) sich die Speisekarte bringen und _____ (lesen)

   sie.

g) Die Frau _____ (weben) einen Teppich und _____ (werben) dann für

   das Kunsthandwerk.

★★★ | 👤 👥 👨‍👩‍👧

3. Ergänze bei den Sätzen die korrekte Präteritumsform zu dem Verb in Klammern.

a) Die Mutter _____ (verbieten) ihm, alleine mit dem Fahrrad zu fahren.

b) Anna _____ (lesen) zunächst die Gebrauchsanweisung.

c) Er _____ (weben) mit Wolle einen schönen Teppich.

d) Lisa _____ (raten) ihr, auf jeden Fall eine Jacke mitzunehmen.

e) Ben _____ (lügen) seinen Vater aus Verzweiflung an.

f) Das Schiff _____ (sinken) langsam.

g) Diesen Mann _____ (kennen) er nicht.

Lerntheke 4

Cornelsen Unregelmäßige Verbformen
Autorin: Birgit Lascho · Lerntheke DaZ 5/6 · Grammatik

KV 5
Seite 2 von 2

6 ~~Abschlusstest~~ Unregelmäßige Verbformen: Was hast du dazugelernt?

1. Ergänze die **Präsensformen** in der dritten Person Singular zu den Infinitiven.

a) stehlen: er _____   e) laufen: er _____   i) lassen: er _____

b) nehmen: er _____   f) wissen: er _____   j) stoßen: er _____

c) laden: er _____   g) sprechen: er _____   k) lesen: er _____

d) mögen: er _____   h) waschen: er _____   l) sehen: er _____

2. Schreibe die **Präteritumsformen** in der dritten Person Singular zu den Infinitiven auf.

a) rufen: er _____   e) denken: er _____   i) essen: er _____

b) kommen: er _____   f) schreiben: er _____   j) können: er _____

c) ziehen: er _____   g) beginnen: er _____   k) bleiben: er _____

d) reißen: er _____   h) wissen: er _____   l) halten: er _____

3. Ergänze die **Perfektformen** in der dritten Person Singular zu den Infinitiven.

a) finden: er _____ _____   e) empfehlen: er _____ _____

b) gehen: er _____ _____   f) steigen: er _____ _____

c) beißen: er _____ _____   g) schwimmen: er _____ _____

d) gießen: er _____ _____   h) nehmen: er _____ _____

4. Ergänze die **Imperativformen** im Singular zu den Infinitiven.

a) essen: _____!   d) helfen: _____!   g) empfehlen: _____!

b) sehen: _____!   e) sein: _____!   h) werfen: _____!

c) nehmen: _____!   f) geben: _____!

5. Ergänze die **Präteritumsformen** in der dritten Person Singular zu den Infinitiven. Achte darauf, dass du keine ähnlich lautenden Formen verwechselst.

a) bitten: er _____   e) reiten: er _____   i) liegen: er _____

b) lügen: er _____   f) lesen: er _____   j) raten: er _____

c) lassen: er _____   g) bieten: er _____   k) kennen: er _____

d) werben: er _____   h) können: er _____   l) weben: er _____

Lerntheke 4

Cornelsen Unregelmäßige Verbformen
Autorin: Birgit Lascho · Lerntheke DaZ 5/6 · Grammatik

KV 6
Seite 1 von 1

Name: ___

Datum: ___

★★|★ ★★ ★★★
2. Welche Präsensform aus dem Kasten passt inhaltlich in welchen Satz? Ordne zu.

liest ◆ empfiehlt ◆ trägt ◆ isst

a) Das Baby __isst__ seinen Brei.
b) Der Vater __trägt__ die Koffer ins Auto.
c) Julian __liest__ ein Buch.
d) Der Verkäufer __empfiehlt__ dem Kunden, die teure Uhr zu kaufen.

★★★|★ ★★ ★★★
3. Ergänze bei den Sätzen die Präsensform des in Klammern stehenden Verbs.

a) Er __ist__ (sein) verärgert und __befiehlt__ (befehlen) den Kindern, leise zu sein.
b) Mia __nimmt__ (nehmen) das Mikrofon und __spricht__ (sprechen) hinein.
c) Der Wind __bläst__ (blasen) und ein Dachziegel __fällt__ (fallen) herunter.
d) Jan __weiß__ (wissen) das und __vergisst__ (vergessen) es bestimmt nicht.
e) Er __läuft__ (laufen) los und __wirft__ (werfen) den Ball nach ihm.
f) Lea __mag__ (mögen) keinen Streit, das __verdirbt__ (verderben) ihr die Laune.

★★★|★★ ★★★
4. Suche dir einen oder mehrere Partner und spielt zusammen das Spiel „Pärchen finden". Stellt das Spiel zu den unregelmäßigen Präsensformen entsprechend der Anleitung her.

„Pärchen finden" – Spielkarten herstellen
Schneidet 88 gleich große Kärtchen aus. Benutzt dafür die unten abgebildeten Kärtchen als Schablone. Bildet dann Paare, indem ihr jeweils auf ein Kärtchen den Infinitiv notiert und auf das andere die dazugehörige Präsensform in der Er-Form beziehungsweise in Ausnahmefällen der Es- oder Sie-Form. Achtet darauf, dass ihr einen Stift verwendet, der nicht durchschreibt.

Siehe Aufgabe 1 für mögliche Pärchen.

Cornelsen · Unregelmäßige Verbformen · Autorin: Birgit Loscho · Lerntheke DaZ 5/6 · Grammatik · KV 1 Seite 2 von 2

Name: ___

Datum: ___

1 Unregelmäßige Präsensformen

★|★ ★★ ★★★
1. Ordne die Präsensformen aus den Kästen in der Er-Form den passenden Infinitiven zu. Beachte, dass die Er-Form auch für „sie" und „es" in der Einzahl gilt!

Unregelmäßige Präsensformen mit „a"/„au" im Infinitiv, aus denen „ä"/„äu" wird

bäckt ◆ hält ◆ trägt ◆ lässt ◆ läuft ◆ fährt ◆ rät ◆ fällt ◆ bläst ◆ schläft ◆ fängt ◆ wäscht ◆ vergräbt ◆ lädt ◆ säuft ◆ brät ◆ wächst

schlafen: er __schläft__   fallen: er __fällt__   wachsen: er __wächst__
fahren: er __fährt__   lassen: er __lässt__   laden: er __lädt__
blasen: er __bläst__   halten: er __hält__   laufen: er __läuft__
vergraben: er __vergräbt__   braten: er __brät__   backen: er __bäckt__
saufen: er __säuft__   waschen: er __wäscht__   raten: er __rät__
tragen: er __trägt__   fangen: er __fängt__

Unregelmäßige Präsensformen mit „e" im Infinitiv, das zu „i" wird

vergisst ◆ trifft ◆ hilft ◆ gibt ◆ isst ◆ bricht ◆ verbirgt ◆ flicht ◆ stirbt ◆ wirft ◆ spricht ◆ wirbt ◆ verdirbt ◆ frisst ◆ nimmt

essen: er __isst__   sprechen: er __spricht__   geben: er __gibt__
nehmen: er __nimmt__   fressen: er __frisst__   werfen: er __wirft__
brechen: er __bricht__   flechten: er __flicht__   vergessen: er __vergisst__
treffen: er __trifft__   werben: er __wirbt__   verderben: er __verdirbt__
sterben: er __stirbt__   helfen: er __hilft__   verbergen: er __verbirgt__

Sonderformen

mag ◆ weiß ◆ sieht ◆ liest ◆ stößt ◆ stiehlt ◆ ist ◆ befiehlt ◆ will ◆ empfiehlt ◆ kann ◆ geschieht

wollen: er __will__   lesen: er __liest__   empfehlen: er __empfiehlt__
können: er __kann__   wissen: er __weiß__   geschehen: es __geschieht__
stehlen: er __stiehlt__   sein: er __ist__   befehlen: er __befiehlt__
stoßen: er __stößt__   sehen: er __sieht__   mögen: er __mag__

Cornelsen · Unregelmäßige Verbformen · Autorin: Birgit Loscho · Lerntheke DaZ 5/6 · Grammatik · KV 1 Seite 1 von 2

Name: _____   Datum: _____

2 Unregelmäßige Präteritumsformen

★ | ♟ ♟♟ ♟♟♟

1. Übernimm die folgende Tabelle in dein Heft, schreibe in der Infinitivspalte alle angegebenen Infinitivformen untereinander. Ordne dann die Präteritumsformen aus dem Kasten den Infinitivformen zu.

heißen – er hieß
dürfen – er durfte
wachsen – er wuchs
sitzen – er saß
kriechen – er kroch
schleichen – er schlich
schlagen – er schlug
haben – er hatte
laden – er lud
fliegen – er flog
lesen – er las
gewinnen – er gewann
springen – er sprang
fliehen – er floh
beginnen – er begann
treffen – er traf
sehen – er sah
müssen – er musste
halten – er hielt
reiten – er ritt
können – er konnte
lügen – er log
schreiben – er schrieb
raten – er riet
bitten – er bat
ziehen – er zog
schießen – er schoss
stehen – er stand
denken – er dachte
stehlen – er stahl
reißen – er riss

biegen – er bog
pfeifen – er pfiff
fangen – er fing
fließen – er floss
steigen – er stieg
genießen – er genoss
waschen – er wusch
geben – er gab
singen – er sang
rufen – er rief
fallen – er fiel
bringen – er brachte
gebären – sie gebar
sich erschrecken – er erschrak sich
leihen – er lieh
trinken – er trank
treten – er trat
sinken – er sank
leiden – er litt
werfen – er warf
zwingen – er zwang
sterben – er starb
schwimmen – er schwamm
brechen – er brach
schieben – er schob
graben – er grub
empfehlen – er empfahl
binden – er band
bergen – er barg

stinken – er stank
schmeißen – er schmiss
wiegen – er wog
greifen – er griff
gießen – er goss
scheinen – er schien
braten – er briet
kommen – er kam
riechen – er roch
blasen – er blies
bleiben – er blieb
streiten – er stritt
verderben – er verdarb
fressen – er fraß
stechen – er stach
klingen – er klang
streichen – er strich
essen – er aß
laufen – er lief
wissen – er wusste
senden – er sandte
brennen – es brannte
befehlen – er befahl
treiben – er trieb
schneiden – er schnitt
messen – er maß
meiden – er mied

Cornelsen
Unregelmäßige Verbformen
Autorin: Birgit Loscho · Lerntheke DaZ 5/6 · Grammatik
KV 2
Seite 1 von 2
Lösungen – Lerntheke 4

Name: _____   Datum: _____

★★ | ♟ ♟♟ ♟♟♟

2. Ergänze bei den Sätzen die Präteritumsform zu den Infinitiven in Klammern.

a) Begeistert sprang (springen) er auf das Pferd und ritt (reiten) los.
b) Die Katze floh (fliehen) vor dem Hund und rannte (rennen) weit weg.
c) Das Auto bog (biegen) um die Ecke und stieß (stoßen) mit einem anderen Fahrzeug zusammen.
d) Der Hund stahl (stehlen) die Wurst und aß (essen) sie schnell.
e) Jan traf (treffen) Lisa und lud (laden) sie zu sich ein.
f) Der Vater las (lesen) den Brief und begann (beginnen) zu lachen.
g) Das Kind schrie (schreien) und rief (rufen) nach seiner Mutter.
h) Die Sonne schien (scheinen) und die Ente schwamm (schwimmen) im Teich.
i) Das Seil riss (reißen) und er fiel (fallen) von der Schaukel.
j) Er zog (ziehen) seine Jacke und Schuhe an und ging (gehen) los.
k) Opa dachte (denken) nach und schrieb (schreiben) den Einkaufszettel.
l) Sie schoss (schießen) den Ball und dieser flog (fliegen) mitten ins Tor.
m) Der Junge hieß (heißen) Yanik und kam (kommen) aus Berlin.
n) Tim konnte (können) nicht anders und log (lügen) seine Mutter an.
o) Er erschrak (erschrecken) sich und schlug (schlagen) nach der Wespe.
p) Lina goss (gießen) die Blume, die immer höher wuchs (wachsen).
q) Jonas pfiff (pfeifen) und stieg (steigen) die Leiter hoch.
r) Er brachte (bringen) Blumen mit und gab (geben) sie ihr.

★★★ | ♟ ♟♟ ♟♟♟

3. Bei dem Textauszug stehen die Verbformen im Präsens (Gegenwart). Schreibe den Text in dein Heft ab und wandle dabei die Verbformen aus dem Präsens ins Präteritum um.

Laura ging in den Garten. Dort sah sie einen Vogel, der auf dem Baum auf einem Ast saß. Außerdem schlich eine Katze durch das Gras. Plötzlich sprang die Katze mit einem Satz hoch und fing eine Maus. Damit ihr niemand ihre Beute wegnahm, rannte die Katze ganz schnell fort. Der Vogel auf dem Baum sang. Er war froh, dass sich die Katze eine andere Beute gesucht hatte.

Cornelsen
Unregelmäßige Verbformen
Autorin: Birgit Loscho · Lerntheke DaZ 5/6 · Grammatik
KV 2
Seite 2 von 2
Lösungen – Lerntheke 4

Name: _____ Datum: _____

3 Unregelmäßige Perfektformen

★| ★★ | ★★★

1. Ordne den Infinitiven die passende Perfektform aus dem Kasten zu.

> hat gezwungen ◆ ist geworden ◆ ist gestorben ◆ hat getrunken ◆ hat geworfen ◆
> hat getroffen ◆ hat bestritten ◆ hat geliehen ◆ ist gegangen ◆
> hat geholfen ◆ hat begonnen ◆ hat gegossen ◆ hat befohlen ◆ hat gewonnen ◆
> hat gebeten ◆ hat geboren ◆ ist geblieben ◆ hat abgebogen ◆
> hat gezogen ◆ hat verloren ◆ hat gewusst ◆ hat gewogen ◆ hat gebracht ◆
> hat geschienen ◆ hat gelitten ◆ hat gedacht ◆ ist gebrannt ◆
> hat gelogen ◆ hat empfohlen ◆ hat gelegen ◆ hat genommen ◆ hat gebrannt ◆
> hat gestohlen ◆ ist gewesen ◆ hat gestanden ◆ ist geflossen ◆ ist gesprochen ◆
> hat geschrieben ◆ ist gestiegen ◆ hat geschrien ◆ hat gesungen ◆ ist geschwommen ◆
> hat gesessen ◆ hat geschossen ◆ ist geflohen ◆
> ist zerbrochen ◆ hat gehoben

befehlen: er **hat befohlen**
beginnen: er **hat begonnen**
beißen: er **hat gebissen**
abbiegen: er **ist abgebogen**
bitten: er **hat gebeten**
bleiben: er **ist geblieben**
zerbrechen: er **ist zerbrochen**
brennen: es **hat gebrannt**
bringen: er **hat gebracht**
denken: er **hat gedacht**
empfehlen: er **hat empfohlen**
finden: er **hat gefunden**
fliegen: er **ist geflogen**
fliehen: er **ist geflohen**
fließen: er **ist geflossen**
schreien: er **hat geschrien**
sein: er **ist gewesen**

gebären: sie **hat geboren**
gehen: er **ist gegangen**
gewinnen: er **hat gewonnen**
gießen: er **hat gegossen**
heben: er **hat gehoben**
helfen: er **hat geholfen**
leiden: er **hat gelitten**
leihen: er **hat geliehen**
liegen: er **hat gelegen**
lügen: er **hat gelogen**
nehmen: er **hat genommen**
scheinen: sie **hat geschienen**
schießen: er **hat geschossen**
schließen: er **hat geschlossen**
schreiben: er **hat geschrieben**
schwimmen: er **ist geschwommen**
singen: er **hat gesungen**

sitzen: er **hat gesessen**
springen: er **ist gesprungen**
stehlen: er **hat gestohlen**
sterben: er **ist gestorben**
treffen: er **hat getroffen**
verlieren: er **hat verloren**
werfen: er **hat geworfen**
wissen: er **hat gewusst**
zwingen: er **hat gezwungen**

sprechen: er **hat gesprochen**
stehen: er **hat gestanden**
steigen: er **ist gestiegen**
bestreiten: er **hat bestritten**
trinken: er **hat getrunken**
werben: er **hat geworben**
wiegen: er **hat gewogen**
ziehen: er **hat gezogen**
werden: es **ist geworden**

Cornelsen
Unregelmäßige Verbformen
Autorin: Birgit Loscho · Lerntheke DaZ 5/6 · Grammatik
KV 3
Seite 1 von 2
Lösungen – Lerntheke 4

Name: _____ Datum: _____

2. ★| ★★ | ★★★
Unterstreiche bei den Sätzen den ersten Teil des Perfekts, die Form von „haben" oder „sein" im Präteritum, und ergänze den zweiten Teil des Perfekts, die Partizipform.

Beispiel: Er hat _____ (gewinnen) —> Er hat gewonnen.

a) Sie ist nach Hause **gegangen** (gehen).
b) Jonas hat seine Geldbörse **verloren** (verlieren).
c) Das Geschäft hat in der Mittagszeit **geschlossen** (schließen).
d) Er ist vor Freude in die Luft **gesprungen** (springen).

3. ★| ★★ | ★★★
Ergänze bei den Sätzen die Perfektformen.
Tipp: Bei Verben der Vorwärtsbewegung muss vorn die Präteritumsform von „sein" gewählt werden, ansonsten muss die Präteritumsform von „haben" benutzt werden.

a) Er **hat** das Fahrrad **gestohlen** (stehlen).
b) Sarah **hat** ihrer Oma einen Brief **geschrieben** (schreiben).
c) Ben **ist** durch den Fluss **geschwommen** (schwimmen).
d) Tom **hat** angeblich nichts davon **gewusst** (wissen).
e) Meine Uroma **ist** letztes Jahr **gestorben** (sterben).
f) Der Schlüssel **hat** gestern hier auf dem Tisch **gelegen** (liegen).
g) Die Katze **ist** vor dem Hund **geflohen** (fliehen).
h) Vorgestern **hat** die Sonne **geschienen** (scheinen).

Cornelsen
Unregelmäßige Verbformen
Autorin: Birgit Loscho · Lerntheke DaZ 5/6 · Grammatik
KV 3
Seite 2 von 2
Lösungen – Lerntheke 4

Name: _____ Datum: _____

4 Unregelmäßige Imperativformen

★ | ♟ | ♟♟ | ♟♟♟

1. Lies dir die Information durch und kreuze dann an, was richtig ist.

Bei Verben mit dem Vokal „e" im Infinitiv, wie „sehen" oder „empfehlen", musst du bei der Bildung des Imperativs, der Befehlsform, im Singular aufpassen. Manche dieser Verben haben einen Vokalwechsel: Aus dem „e" wird ein „i" oder „ie", wie zum Beispiel bei der Befehlsform „gib" von „geben" oder „sieh" von „sehen". Außerdem hat das Verb „sein" hier die Sonderform „sei".

☐ Alle Verben mit „e" im Infinitiv haben einen Vokalwechsel, der nur bei der Bildung des Imperativs im Singular erfolgt.

☐ Manche Verben im „e" im Infinitiv haben einen Vokalwechsel, der nur bei der Bildung des Imperativs im Plural erfolgt.

☒ Manche Verben im „e" im Infinitiv haben einen Vokalwechsel, der nur bei der Bildung des Imperativs im Singular erfolgt.

★ | ♟ | ♟♟ | ♟♟♟

2. Finde heraus, welche Imperativform im Singular aus dem Kasten zu welchem Infinitiv in Klammern gehört, und trage die Form in der passenden Lücke ein.

sprich ◆ empfiehl ◆ sieh ◆ wirf ◆ lies ◆ iss ◆ nimm ◆ hilf ◆ sei ◆ versprich ◆ miss ◆ unterbrich ◆ gib ◆ vergiss ◆ sprich

a) Miss _____ (messen) mit dem Lineal nach!

b) Hilf _____ (helfen) mir bitte!

c) Wirf _____ (werfen) den Abfall in die Mülltonne!

d) Gib _____ (geben) mir bitte das Salz!

e) Sprich _____ (sprechen) bitte lauter!

f) Vergiss _____ (vergessen) deine Fahrkarte nicht!

g) Versprich _____ (versprechen) mir hinterher aufzuräumen!

h) Iss _____ (essen) mit Messer und Gabel!

i) Sei _____ (sein) bitte nicht so laut!

j) Sieh _____ (sehen) genau hin!

k) Nimm _____ (nehmen) ein Wörterbuch zu Hilfe!

l) Lies _____ (lesen) dir die Aufgabe genau durch!

m) Unterbrich _____ (unterbrechen) mich nicht ständig!

n) Empfiehl _____ (empfehlen) mir eine Brotsorte!

Cornelsen
Unregelmäßige Verbformen
Autorin: Birgit Loscho · Lerntheke DaZ 5/6 · Grammatik

Lösungen – Lerntheke 4

Name: _____ Datum: _____

★ | ♟ | ♟♟ | ♟♟♟

3. Ordne zu, welche Imperativform aus dem Kasten vom Sinn her in welchen Satz passt, und notiere sie in der passenden Lücke. Achte auf die Großschreibung am Satzanfang.

gib ◆ iss ◆ nimm ◆ sei ◆ versprich ◆ lies

a) Nimm _____ Rücksicht auf deinen kleinen Bruder!

b) Lies _____ dir den Beipackzettel des Medikaments unbedingt durch!

c) Versprich _____ mir, dass du zuerst deine Hausaufgaben machst, ehe du nach draußen gehst!

d) Gib _____ uns bitte den Wohnungsschlüssel!

e) Sei _____ bitte etwas leiser!

f) Iss _____ zuerst die Kartoffel auf deinem Teller auf, bevor du die den Nachtisch holst!

★ ★ ★ | ♟ | ♟♟ | ♟♟♟

4. Ergänze bei den Sätzen die passenden Imperativformen im Singular zu den in Klammern notierten Infinitiven.

a) Hilf _____ (helfen) mir bitte bei den Hausaufgaben!

b) Sei _____ (sein) bitte vernünftig und räume auf!

c) Gib _____ (geben) Acht, wenn du über die Straße gehst!

d) Empfiehl _____ (empfehlen) uns eine gute Klavierlehrerin oder einen guten Klavierlehrer!

e) Lies _____ (lesen) was Selina in ihrer E-Mail schreibt!

f) Iss _____ (essen) den Pudding ruhig auf!

g) Unterbrich _____ (unterbrechen) ihn bitte nicht bei seinem Vortrag!

h) Nimm _____ (nehmen) mir bitte die Einkaufstaschen ab!

i) Versprich _____ (versprechen) uns, vorsichtig zu sein!

j) Sieh _____ (sehen) mal, was ich zum Geburtstag bekommen habe!

k) Miss _____ (messen) nach, wie viel Platz wir noch haben!

l) Wirf _____ (werfen) das Bonbonpapier nicht auf den Boden!

m) Sprich _____ (sprechen) bitte nicht mit vollem Mund!

n) Vergiss _____ (vergessen) nicht, deine Geldbörse mitzunehmen!

Cornelsen
Unregelmäßige Verbformen
Autorin: Birgit Loscho · Lerntheke DaZ 5/6 · Grammatik · Illustrator: Steffen Jähde

Lösungen – Lerntheke 4

Name: _____   Datum: _____

2. Suche aus dem Kasten die passende Präteritumsform zu den angegebenen Infinitiven heraus und ergänze sie.

> ritt ◆ wob ◆ las ◆ lag ◆ bot ◆ sank ◆ warb ◆ konnte ◆ log ◆ bat ◆ kannte ◆ ließ ◆ riet ◆ sang

a) Er **bat** (bieten) ihn, ihm ein Buch mit zu bestellen, und **bot** (bieten) ihm an, ihm das Geld dafür im Voraus zu geben.

b) Jonas **lag** (liegen) faul auf dem Sofa und **log** (lügen) seine Mutter an, dass er seine Hausaufgaben schon erledigt habe.

c) Mariana **sank** (sinken) langsam zu Boden, während sie das Klagelied **sang** (singen).

d) Lea **riet** (raten) Leon, sich auch ein Pferd aus dem Stall zu holen und **ritt** (reiten) mit ihrer Stute schon in Richtung des Nachbardorfes.

e) Melvin **kannte** (kennen) sich in der Stadt nicht aus und **konnte** (können) deshalb den Weg nicht finden.

f) Der Mann **ließ** (lassen) sich die Speisekarte bringen und **las** (lesen) sie.

g) Die Frau **wob** (weben) einen Teppich und **warb** (werben) dann für das Kunsthandwerk.

3. Ergänze bei den Sätzen die korrekte Präteritumsform zu dem Verb in Klammern.

a) Die Mutter **verbot** (verbieten) ihm, alleine mit dem Fahrrad zu fahren.

b) Anna **las** (lesen) zunächst die Gebrauchsanweisung.

c) Er **wob** (weben) mit Wolle einen schönen Teppich.

d) Lisa **riet** (raten) ihr, auf jeden Fall eine Jacke mitzunehmen.

e) Ben **log** (lügen) seinen Vater aus Verzweiflung an.

f) Das Schiff **sank** (sinken) langsam.

g) Diesen Mann **kannte** (kennen) er nicht.

Cornelsen

Unregelmäßige Verbformen
Autorin: Birgit Loscho · Lerntheke DaZ 5/6 · Grammatik

Name: _____   Datum: _____

5   Unregelmäßige Präteritumsformen, die man nicht verwechseln sollte

1. Finde heraus, wie die Präteritumsformen zu den aufgeführten Infinitiven lauten, indem du die passenden Puzzleteile durch einen Strich verbindest und die passenden Formen anschließend unten bei den entsprechenden Infinitiven notierst.

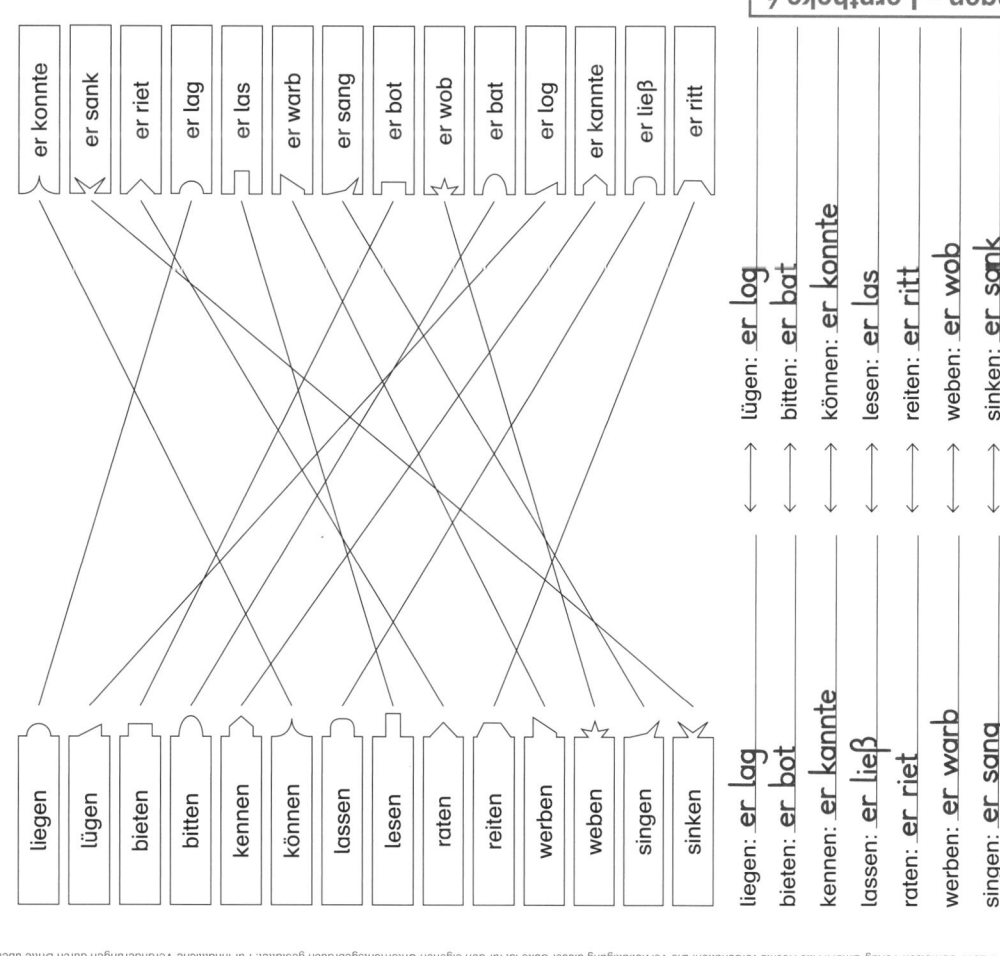

liegen		er konnte
lügen		er sank
bieten		er riet
bitten		er lag
kennen		er las
können		er warb
lassen		er sang
lesen		er bot
raten		er wob
reiten		er bat
werben		er log
weben		er kannte
singen		er ließ
sinken		er ritt

liegen: **er lag**   lügen: **er log**

bieten: **er bot**   bitten: **er bat**

kennen: **er kannte**   können: **er konnte**

lassen: **er ließ**   lesen: **er las**

raten: **er riet**   reiten: **er ritt**

werben: **er warb**   weben: **er wob**

singen: **er sang**   sinken: **er sank**

Cornelsen

Unregelmäßige Verbformen
Autorin: Birgit Loscho · Lerntheke DaZ 5/6 · Grammatik

Name: _____   Datum: _____

6   Abschlusstest Unregelmäßige Verbformen:
Was hast du dazugelernt?

1. Ergänze die **Präsensformen** in der dritten Person Singular zu den Infinitiven.

a) stehlen: er **stiehlt**   e) laufen: er **läuft**   i) lassen: er **lässt**

b) nehmen: er **nimmt**   f) wissen: er **weiß**   j) stoßen: er **stößt**

c) laden: er **lädt**   g) sprechen: er **spricht**   k) lesen: er **liest**

d) mögen: er **mag**   h) waschen: er **wäscht**   l) sehen: er **sieht**

2. Schreibe die **Präteritumsformen** in der dritten Person Singular zu den Infinitiven auf.

a) rufen: er **rief**   e) denken: er **dachte**   i) essen: er **aß**

b) kommen: er **kam**   f) schreiben: er **schrieb**   j) können: er **konnte**

c) ziehen: er **zog**   g) beginnen: er **begann**   k) bleiben: er **blieb**

d) reißen: er **riss**   h) wissen: er **wusste**   l) halten: er **hielt**

3. Ergänze die **Perfektformen** in der dritten Person Singular zu den Infinitiven.

a) finden: er **hat gefunden**   e) empfehlen: er **hat empfohlen**

b) gehen: er **ist gegangen**   f) steigen: er **ist gestiegen**

c) beißen: er **hat gebissen**   g) schwimmen: er **ist geschwommen**

d) gießen: er **hat gegossen**   h) nehmen: er **hat genommen**

4. Ergänze die **Imperativformen** im Singular zu den Infinitiven.

a) essen: **Iss** !   d) helfen: **Hilf** !   g) empfehlen: **Empfiehl** !

b) sehen: **Sieh** !   e) sein: **Sei** !   h) werfen: **Wirf** !

c) nehmen: **Nimm** !   f) geben: **Gib** !

5. Ergänze die **Präteritumsformen** in der dritten Person Singular zu den Infinitiven. Achte darauf, dass du keine ähnlich lautenden Formen verwechselst.

a) bitten: er **bat**   e) reiten: er **ritt**   i) liegen: er **lag**

b) lügen: er **log**   f) lesen: er **las**   j) raten: er **riet**

c) lassen: er **ließ**   g) bieten: er **bot**   k) kennen: er **kannte**

d) werben: er **warb**   h) können: er **konnte**   l) weben: er **wob**

Cornelsen

Unregelmäßige Verbformen
Autorin: Birgit Loscho · Lerntheke DaZ 5/6 · Grammatik

KV 6
Seite 1 von 1

Lösungen – Lerntheke 4